MÉMOIRES

D'UN

JEUNE ESPAGNOL

DE FLORIAN

AVEC UNE PRÉFACE ET DES NOTES

PAR

HONORÉ BONHOMME

PARIS

LIBRAIRIE DES BIBLIOPHILES

Rue Saint-Honoré, 338

—

M DCCC LXXXIII

MÉMOIRES

D'UN

JEUNE ESPAGNOL

TIRAGE A PETIT NOMBRE

Il a été fait un tirage spécial de :

30 exemplaires sur papier de Chine (Nos 1 à 30).
30 — sur papier Whatman (Nos 31 à 60).

60 exemplaires, numérotés.

PRÉFACE

I

S'IL est un écrivain qui fut cher à nos premières années, c'est Florian, sans contredit. Qui de nous, en avançant dans la vie, n'aime à se reporter de temps à autre vers cet âge que Florian illumina d'un si pur rayon? Qui n'aime à se rappeler ces heures calmes et limpides où, tantôt dans le silence de la solitude, tantôt assis en cercle autour du foyer, on lisait les fables charmantes ou les douces compositions pastorales de cet ami de la nature? Nous avons bondi dans la prairie avec ses blancs moutons, et dansé sous les grands alisiers avec ses gentilles bergères parées de rubans et de fleurs. Et quelle variété, quelle fraîcheur de coloris, répandues sur tout ce monde vivant et animé qu'il fait parler et agir dans ses apologues! Puis, pour cadre à ces jeux naïfs, à ces suaves tableaux, une végétation luxuriante et fleurie, un ciel azuré, un éternel printemps... Mais ce n'est pas du fabuliste ni du chantre inspiré d'Estelle et Némorin que nous voulons entretenir aujourd'hui le lecteur. Nous ne suivrons pas non plus notre poète dans les combinaisons ingénieuses de son aimable théâtre, ni dans ses récits de batailles, d'aventures héroïques, d'amours chevaleresques : Numa Pompilius, Gonzalve de Cordoue, Guillaume Tell, etc. : car Florian réunissait les aptitudes les plus opposées, les plus difficiles à concilier en matière d'art et de littérature, c'est-à-dire la force et la grâce, l'éclat et la sensibilité. Plus tard, dans un travail d'ensemble, nous pourrons noter les différentes nuances de ce talent si souple, si élégant, si fécond ; mais, pour le moment, nous nous bornerons à le présenter sous un seul aspect, en le ramenant à l'un des genres qu'il a cultivés.

Nous voulons parler de ses Confessions, *intitulées* Mémoires d'un jeune Espagnol, *lesquels ont été publiés après sa mort, et où, sous des noms déguisés de personnes et de choses, il raconte sa propre histoire, ses aventures, ses prouesses de jeune homme, qu'il attribue à un étranger* [1].

Or, c'est ce petit opuscule léger et piquant, bien

---

1. Ces *Mémoires* furent retrouvés par Pujoulx dans les papiers de Florian, et publiés la première fois en 1807. Ils sont maintenant dans le tome IV de ses *Œuvres posthumes*, édition Briand, 1824. Cette édition, avec les *Œuvres* complètes qui s'y trouvent, forme 13 vol. in-8º.

connu des délicats, c'est cette curieuse autobiographie pleine d'humour et d'imprévu, que nous réimprimons aujourd'hui, parce que, en dehors de son mérite littéraire, seule elle nous montre Florian dans la vérité de son caractère et de son esprit, à une époque où il n'était pas encore en vue.

On se tromperait étrangement si, sur la foi de quelques-uns de ses écrits et de certains de ses biographes, on considérait Florian comme un Céladon plaintif et mélancolique, un berger timide et langoureux. Il était d'un naturel très gai, au contraire; et, comme il avait commencé par être page du duc de Penthièvre, puis capitaine de dragons, il avait retenu quelque chose des qualités sui generis de ces deux professions. C'est dire que le platonisme en amour n'était pas précisément son fait, et qu'il avait parfois la plaisanterie leste et le mot gaillard, ainsi que le prouvent surabondamment les MÉMOIRES que nous rééditons [1].

On fait grand cas, et à juste titre, des MÉMOIRES DU COMTE DE GRAMONT, « de tous les livres frivoles le plus agréable et le plus ingénieux », a dit La

---

[1]. M. Lacretelle, qui avait connu personnellement Florian, a dit qu'il « avait le privilège d'inspirer partout la joie par ses bons mots, ses contes et ses chansons. Point de langueur avec lui; il faisait la guerre aux longues et tristes discussions par ses saillies, et quelquefois même par ses jeux d'enfant ». (*Éloge de Florian.*)

Harpe. Eh bien, les MÉMOIRES D'UN JEUNE ESPA-
GNOL *rappellent par beaucoup d'endroits l'œuvre
d'Hamilton. C'est le même courant net et rapide, la
même sincérité d'accent et de fine ironie. Et ne croyez
pas que ce soit une imitation, un pastiche; non, tout
cela est d'un jet franc, naturel, et garde son origi-
nalité jusqu'au bout. Malheureusement Florian n'a
conduit cet écrit que jusqu'à sa dix-huitième année;
mais, tel qu'il est, ce n'est pas moins un morceau
achevé, un petit chef-d'œuvre. On ignore la date
précise de sa rédaction. Mais, à la fermeté de la
trame, à la tenue et à la sobriété du style, non
moins qu'à l'ingénieuse variété des tons, on devine
que cette composition ne peut être l'œuvre d'un dé-
butant, et que Florian a dû l'écrire à l'époque où
son talent avait acquis toute sa maturité, toute sa
souplesse.*

*Il est difficile de se figurer l'enjouement, la grâce,
la malice, l'esprit et la sensibilité qui animent ces
pages. C'est là, et seulement là, nous le répétons,
qu'il faut chercher Florian, là qu'il apparaît sous sa
physionomie native, c'est-à-dire en belle humeur et
en verve de saillies. On y apprend que son enfance
et son adolescence n'ont pas été celles d'un petit saint.
Le jeu, les duels, les aventures galantes, toutes les
folies, partagèrent ses premières années. Au surplus,
les maîtres en tout genre ne lui manquèrent pas. A
peine âgé de dix ans, il allait de temps à autre, avec*

son précepteur du moment, — car il en changeait souvent, la plupart étant des ivrognes ou des hommes de plaisir, — il allait, accompagné de l'abbé Bonino, son précepteur, chez une demoiselle qui demeurait rue des Prêtres, au cinquième étage.

« Cette personne, dit-il, peignait des éventails, mais elle quittait la peinture pour recevoir mon précepteur. Je remarquais qu'elle avait toujours quelque chose à lui dire en particulier, ce qui les obligeait de passer dans une chambre d'à côté. Je restais dans la première pièce, où je me souviens qu'on me laissait toujours avec un gros chat pour me divertir. »

Tout cela le rendit rêveur. A la vérité, l'année précédente on l'avait conduit à Fernixo (lisez Ferney) auprès de Lope de Vega (lisez Voltaire), et là, ses idées s'étaient déjà un peu ouvertes et exercées [1]. Il y avait rencontré Mlle Clairon, qui lui avait fait répéter des bouts de rôles de comédies, et à laquelle un jour, vêtu de blanc et ayant son chapeau et sa houlette garnis de rubans roses, il chanta un compliment rimé par Voltaire, ce qui valut au jeune berger plusieurs baisers de la célèbre tragédienne. Il ne l'appela plus bientôt que sa maîtresse, ne la quittant pas, restant dans sa chambre avec elle des journées entières, si bien que l'aumônier (le père Adam), qui

---

[1]. Un oncle de Florian avait épousé une nièce de Voltaire, sœur de Mme Denis.

lui apprenait le latin, se plaignait de l'écolier, trouvait que « les thèmes n'allaient plus si bien ».

Mais notre jeune Espagnol a grandi; il a treize ans. Il est entré dans les pages de l'infant don Juan (le duc de Penthièvre), et il retrace agréablement la vie qu'il mène dans ce nouvel état, pour lequel il avait été trouvé d'abord trop petit de taille; mais on le prit à l'essai. Du reste, il fut bientôt très avant dans les bonnes grâces du duc de Penthièvre, que sa gentillesse égayait, qui se plaisait à sa conversation, et qui lui avait donné le surnom de Pulcinello, de même que Voltaire lui donna plus tard le sobriquet plus mignard et plus poétique de Florianet, qui le peint si bien.

Deux années se passèrent ainsi. Il atteignait ses quinze ans, et, voulant prendre du service, il se fit admettre à l'école d'artillerie de Durango (Bapaume). Bientôt nous le voyons, aidé des conseils de l'un de ses condisciples nommé Estevan, donner à ses frais un bal à quelques-uns de ses nouveaux amis et à « une demi-douzaine de belles de la ville; de celles, dit-il, que l'on appelle dans les garnisons des demoiselles comme il faut, et qui sont presque toujours comme il ne faut point ». Le bal fut précédé d'un grand souper; mais l'amphitryon n'avait pas assez d'argent pour le payer, et la marée manquait comme au temps de Vatel. Heureusement qu'Estevan, qui était « le premier homme du monde *pour les fêtes de cette espèce »*, *se mit en campagne et obtint crédit des fournisseurs, notamment d'une marchande de poisson, qui n'avait probablement pas la finesse de tact de la marchande d'herbes d'Athènes.*

Puis ce sont des scènes d'amour, des rivalités entre les élèves, des querelles, des duels, de bons coups d'épée. Florian en reçut deux pour sa part, ce qui lui fit dire avec orgueil : « *A dix-sept ans j'étais assez heureux pour posséder une maîtresse, un coup d'épée et un ami!* »

Ensuite viennent les peines disciplinaires, les arrêts, la prison, où, à deux reprises différentes, il ne reste pas moins de cinq à six semaines, avec son fidèle ami Estevan. Guéri de ses blessures et rendu à la liberté, mais regardé désormais comme un tapageur, il obtient alors un congé pour se rendre dans sa famille, afin de mûrir sa tête. Après quelques autres incidents décrits avec une franchise de ton, une légèreté de touche pleine d'insouciance et de malice, il arrive dans sa famille. Mais voici bien une autre fête! Il y était depuis quelques jours quand il reçut une lettre du commandant de l'école de Durango, lui annonçant que le roi, en raison de l'indiscipline des élèves, avait supprimé cette institution.

Voilà donc notre jeune homme sans emploi, sans carrière, et il n'en est pas plus triste pour cela; mais son père, qui l'aimait tendrement, se montrait sou-

cieux de son avenir et songeait à lui faire prendre un nouveau parti. Auparavant il voulut savoir comment notre étourdi se trouvait dans ses affaires. « Le compte n'était pas difficile, dit-il ; j'avais un écu d'argent comptant, un habit retourné, une veste, une paire de culottes, une paire de souliers, un chapeau, deux paires de bas, dont une mauvaise, quatre chemises toutes trouées, deux épées et une cocarde toute neuve. »

Cet inventaire fait, il partit leste et joyeux, emportant comme Bias tout son bien avec lui, et il alla chez son oncle, où, en attendant un emploi, il chercha à se distraire, à s'étourdir. Nous ne rappellerons pas les nombreuses espiègleries qu'il raconte, ses parties de chasse, ses divers projets, les disputes que, « pour passer le temps », il cherche si plaisamment à son oncle et à sa tante, l'humeur acariâtre de celle-ci, sa maladie de poitrine, à laquelle elle succombe, en accusant Florian auprès de son mari de lui avoir « cassé un vaisseau ». « Le fait est, dit-il avec une componction béate, que ma tante chantait et voulait que je l'accompagnasse avec ma mandoline. Ma malheureuse mandoline était un peu haute, à la vérité ; et, comme je ne savais pas bien l'accorder, je ne voulais pas la descendre ; ma tante chantait à mon ton, et elle prétendit que mon la l'avait tuée. »

Peu après, notre jeune homme sortit de l'oisiveté, grâce au duc de Penthièvre, qui lui donna un brevet de sous-lieutenant dans son régiment de cavalerie ; et on le voit en train « d'arranger ses finances » et de faire ses préparatifs de départ, quand se ferment brusquement les MÉMOIRES D'UN JEUNE ESPAGNOL.

C'est ici, en effet, que s'arrête cette narration à la fois naïve et ingénieuse, dont nous n'avons pu donner qu'une très faible analyse et qu'on lit tout d'une haleine, entraîné par la rapidité et l'intérêt du récit. Au surplus, s'il est regrettable que Florian n'ait pas poussé plus loin son histoire, nous pouvons cependant renouer le fil d'Ariane trop tôt rompu et rejoindre notre aimable conteur dans quelques-unes des situations qui suivirent cette première phase de sa vie. C'est ce que nous allons tâcher de faire le plus succinctement possible.

II

Nous venons de le quitter à l'âge de dix-huit ans, et quelques années après nous le retrouvons homme fait, à peu près dégagé des premières effervescences de la jeunesse et revenu auprès du duc de Penthièvre, qui l'avait attaché alors à sa personne avec le titre de « son gentilhomme ». A partir de ce moment, il se consacra tout entier au culte des lettres et seconda les vues bienfaisantes de son vertueux maître.

Nous avons raconté ailleurs [1] *comment le bon duc avait choisi Florian pour être le distributeur ordinaire de ses larges aumônes ; comment ils s'ingéniaient l'un et l'autre à rechercher la demeure des indigents, afin de les soulager ; la rivalité sourde et plaisante qui s'éleva bientôt entre eux à ce sujet, ainsi que les ruses innocentes qu'ils employaient pour se cacher mutuellement leurs découvertes en ce genre ; enfin l'aventure qui leur arriva un jour où, chacun d'eux croyant être seul à porter des secours à une pauvre mère de famille, ils se trouvèrent face à face chez elle, à leur grand étonnement. Du reste, le duc de Penthièvre ne pouvait s'associer, pour l'accomplissement de ses œuvres de charité, un plus digne second que celui qui devait trouver dans son cœur tant de généreuses pensées, tant de maximes de philosophie pratique et d'humanité que chacun a retenues, telles que celles-ci, par exemple :*

Je ne connais de biens que ceux que l'on partage [2].
. . . .
    Le tout ne vaut pas la moitié [3].
  . . . .
    Et que faut-il pour le bonheur ?
    La paix, la douce paix du cœur,

---

1. *Le duc de Penthièvre, sa vie, sa mort.* Didot, 1869, 1 vol. in-18, p. 88 et suiv.
2. *L'Enfant et le Dattier.*
3. *Ibid.*

Le désir vrai qu'on nous oublie ;
Assez de bien pour en donner
Et pas assez pour faire envie [1].

. . . .

D'ailleurs, dans toutes les circonstances de sa vie, Florian montra un désintéressement, une philanthropie digne de servir de texte aux sermons de nos réformateurs modernes qui vont prêchant la solidarité entre les hommes, le dévouement au genre humain. Sur l'argent qu'il recevait pour prix de ses ouvrages, il prélevait toujours une certaine somme destinée aux pauvres. Son père mourut en laissant une succession onéreuse, obérée ; il aurait pu y renoncer : il l'accepta avec un religieux empressement et paya toutes les dettes de ses propres deniers. Il dégagea ainsi une petite chaumière, avec un champ à côté, ayant appartenu à son père, et il en fit don à une bonne vieille servante qui avait soigné son enfance. Enfin, son oncle, dont les revenus s'élevaient à 15,000 livres, avait fait, à la mort de sa première femme, un testament en faveur de Florian ; cet oncle se remaria, et cette seconde union, qui enlevait au neveu tout espoir d'héritage, ne lui causa aucun regret, ne lui arracha aucune plainte. Il alla voir sa nouvelle tante, qui, entre parenthèses, était une femme assez

---

1. *Épilogue* des fables.

singulière, et il eut pour elle tous les égards et les attentions d'un neveu soumis et respectueux.

Son esprit d'émancipation et de sage progrès n'était pas moins développé que son penchant à la bienfaisance. Nous ne prétendons pas que ce fût un des précurseurs, un des apôtres de la Révolution de 89; mais nous dirons qu'il avait des aspirations libérales très marquées, un principe de fière indépendance qui lui faisait dire, à l'occasion de la place de gentilhomme qu'on sollicitait pour lui : « Il y a trop longtemps que je suis laquais (c'est-à-dire page) pour vouloir devenir valet de chambre »; et son honnêteté naturelle le portait à s'élever avec force, avec amertume, contre les injustices et les abus.

Cette nuance de son caractère ressort vigoureusement dans beaucoup de ses fables, et ne nous paraît pas avoir été suffisamment indiquée par ses biographes. Il est de fait pourtant qu'il s'y montre souvent, sinon comme un novateur hardi, ennemi des institutions monarchiques et rêvant un nouvel ordre de choses, du moins comme un censeur sévère, mécontent des hommes et de la société de son temps [1]. Et

---

1. Voir notamment les fables suivantes : *l'Éducation du Lion, les Singes et le Léopard, les Enfants et les Perdreaux, le Roi et les deux Bergers, le Roi Alphonse, le Courtisan et le dieu Protée*, etc., etc. Les traits hardis qu'il a semés dans ces fables, et dans plusieurs autres, ne sont pas les seuls qu'il se soit permis : il avait failli être mis à la Bastille pour un discours en vers intitulé *Voltaire et le serf du mont Jura*.

cette tendance est d'autant plus remarquable de sa part qu'il était de race noble et qu'il avait toujours vécu dans un milieu où de telles pensées ne devaient pas aisément se faire jour.

Quoi qu'il en soit, ses actes d'humanité et ses vues libérales ne le sauvèrent pas des persécutions révolutionnaires. Arrêté et incarcéré comme suspect, il ne recouvra sa liberté que grâce au 9 thermidor, et pour aller s'éteindre peu après dans sa chère retraite de Sceaux, où il se préparait à écrire de nouveaux ouvrages. Il y mourut en 1794, à l'âge de trente-neuf ans, des suites d'une maladie de langueur dont il avait pris le germe en prison[1]. *Il était né en 1755, au château de Florian, en Languedoc, à quelque distance d'Anduze et de Saint-Hippolyte, contrée riante qu'il a pris soin de célébrer dans sa pastorale d'*ESTELLE. « *... Sur les bords du Gardon, au pied des hautes montagnes des Cévennes, entre la ville d'Anduze et le village de Massanne, est un vallon où la nature semble avoir rassemblé tous ses trésors, etc.* »

---

1. On trouve son acte de décès dans le *Dictionnaire critique de biographie et d'histoire* de M. A. Jal, qui l'a relevé sur les registres de l'état civil de la commune de Sceaux. Nous ferons remarquer du reste, en passant, l'erreur commise par Jal, annonçant que Florian eut seulement « la crainte d'être inquiété » par le tribunal révolutionnaire, tandis qu'il fut réellement incarcéré comme on l'a dit.

Mort avant quarante ans, Florian avait déjà publié un très grand nombre d'opuscules, auxquels sont venus s'ajouter ceux qui, trouvés dans ses papiers, comme on l'a dit, ont été imprimés depuis et forment cinq volumes in-8° de ses ŒUVRES POSTHUMES.

A tous les points de vue et dans l'acception la plus large, la plus honorable du mot, Florian a été le véritable homme de lettres, le littérateur pur, sans mélange, sans le moindre alliage de fiel, de jalousie ou d'ambition. « Pour vivre heureux, vivons caché », fait-il dire à l'un des personnages de ses fables. C'était aussi le secret de son bonheur; et il conforma sa vie à cet adage, qui est toute une règle de conduite en même temps qu'un doux reflet de ses mœurs.

Aussi, lorsque en 1879 les poètes et artistes méridionaux (Félibres, Cigaliers, Sartaniers, etc.) ont institué à Sceaux, en l'honneur de Florian, une fête qu'ils renouvellent chaque année avec éclat, n'ont-ils pas eu uniquement en vue de célébrer l'ingénieux fabuliste, le confident aimable de la nature et des bergers; ils ont voulu également rendre hommage au caractère élevé et indépendant de leur cher compatriote, c'est-à-dire au citoyen honnête, au véritable homme de bien.

Nous terminerons en constatant qu'il n'existe aucune clef établissant l'identité des personnages et des lieux fictifs qui figurent dans les MÉMOIRES qui suivent. Mais les noms espagnols que Florian leur a appliqués ne sont pas tellement déguisés qu'on ne puisse en deviner un certain nombre, et c'est ce que nous avons tâché de faire, en indiquant au bas des pages les individus et les choses auxquels il est fait allusion. Si nous n'avons pu lever entièrement le voile qui recouvre tous les pseudonymes, nous croyons être parvenu à mettre en lumière ceux qu'il importait le plus de connaître pour l'intelligence du charmant écrit de Florian.

HONORÉ BONHOMME.

LIVRE PREMIER

CHAPITRE PREMIER

Ma naissance. Fortune de mon père ; sa position. Mon éducation. Accident de mon frère.

Je suis né le 6 mars 1755, à Cogollos[1], petite ville du royaume de Grenade. Mon père était le huitième cadet d'un gentilhomme qui dissipait son bien avec les femmes et les maçons. Une seule de ces deux passions suffit pour ruiner l'homme le plus

---

1. Nous avons dit que Florian était né au château de son père. Quant au royaume de Grenade, il faut entendre le Languedoc.

opulent, mais mon grand-père les possédait toutes deux ; elles l'absorbaient si entièrement qu'il s'occupa peu de sa nombreuse famille ; mes tantes furent mises au couvent, mes oncles au service ; mon père fut cornette au régiment d'Alcantara, cavalerie ; il fit la guerre sous le fameux duc d'Albe, assista à trois de ses victoires ; et, après onze ans de service et beaucoup de blessures, il quitta la carrière de la gloire, qui n'est trop souvent que celle des désagrémens. Il devint amoureux de ma mère, et, après quelques difficultés causées par la différence des religions (ma mère était protestante), il l'obtint et l'épousa. Le père de ma mère lui donna tout son bien, mais en s'en réservant l'usufruit ; et mon père, qui ne possédait rien et devait posséder fort peu de chose, crut encore faire un fort bon mariage : il fut heureux au moins ; ils s'adoraient réciproquement, et ils passèrent les premiers temps de leur union à Cogollos, où ils vivaient fort à l'étroit ; mais ils s'aimaient, et, quand on s'aime, on a bien moins de besoins. Je fus le premier fruit de cet amour. Un an après, ma mère accoucha d'un second fils, et mourut des suites de cette couche. Mon père fut inconsolable : il perdait sa compagne et son amie ; il résolut de n'en prendre jamais d'autre et de ne plus penser qu'à l'éducation de ses enfans, et à leur faire une petite fortune.

La terre de Niaflor [1] était tout ce qui restait à mon grand-père du patrimoine considérable qu'il avait dissipé, encore était-elle chargée de beaucoup de dettes. Mon père alla l'habiter, la cultiva, la laboura, pour ainsi dire, et se fit donner par ses autres frères la cession de leurs droits à cette terre, à condition qu'il en acquitterait les dettes. Mon grand-père, que ces soins auraient dû regarder, était à Murcie, occupé à plaider : car la passion des procès avait succédé chez lui à celle des femmes. Tandis qu'il consumait son temps et le peu qui lui restait à courir après les mauvais marchés qu'il avait faits, mon père nous élevait, et, malgré la modicité de sa fortune, il ne négligeait rien pour notre éducation. A quatre ans, nous fûmes mis en pension à Priego [2], petite ville peu éloignée, chez une demoiselle qui tenait des pensionnaires : là nous apprîmes à lire et à écrire, et ce fut cette même année qu'il arriva un événement qui coûta depuis bien des larmes à mon père.

Le jour de la Saint-Jean 1759, mon père vint nous voir à Priego ; il était à cheval, suivi d'un domestique, et nous avait apporté beaucoup de fruits, dont mon frère mangea sans ménagement. Lorsque mon père voulut partir pour retourner

---

1. Anagramme de Florian, domaine de son grand-père.
2. Saint-Hippolyte, petite ville du département du Gard.

à Niaflor, je le priai de me prendre sur son cheval, et de me conduire ainsi hors de la ville; il y consentit : jamais il n'a su me rien refuser. Il me prit donc sur l'arçon de sa selle, et mon frère fut placé de même entre les bras du domestique. Ce malheureux valet, craignant de laisser tomber le fils de son maître, le serra si fort sur l'estomac que l'on rapporta mon frère mourant. On crut d'abord que ce n'était qu'une indigestion ; mais le mal devint plus sérieux ; il se forma une tumeur, et ensuite un ulcère qui ne s'est cicatrisé que bien des années après. Mon malheureux frère ne grandit plus ; sa santé ne fit qu'empirer, et il devint tout contrefait. Mon père le rappela près de lui, lui prodigua les soins les plus tendres, le fit voir à tous les médecins de la faculté de Grenade [1] ; mais le mal fut déclaré sans remède : alors mon père se décida à le garder à Niaflor, et je restai seul en pension.

J'eus, à peu près dans ce temps-là, une maladie assez sérieuse, qui cependant m'épura le sang, et a sûrement beaucoup contribué à la bonne santé dont j'ai joui depuis : c'était la petite vérole volante. J'en fus guéri au bout de quelques mois, et je ne quittai pas pour cela Priego. Je n'avais guère que six ans lorsque la milice qui y était en garnison reçut ordre de partir, et on fit monter la garde aux

---

[1]. Toulouse.

bourgeois. Le gouverneur de la ville, ami de mon père, fit ses deux fils officiers de cette bourgeoisie, et me fit moi-même sous-lieutenant. J'eus donc un uniforme, je montai la garde, et je commençais à me croire un petit être important, lorsque l'on nous congédia, et je perdis mon emploi. Je continuai à rester dans ma pension à Priego jusqu'à l'âge de sept ans. A cette époque, je fis un voyage dont le récit exige que je reprenne les choses de plus haut.

CHAPITRE II

Ce que c'était que mon oncle. Voyage à Pedrera. Séjour à Grenade. Singulière réception. Prompt retour.

Mon père avait un frère aîné dont il avait été le cornette pendant le temps qu'il avait servi. Ce frère, dont j'aurai souvent occasion de vous parler, avait quitté la maison paternelle pour entrer dans les dragons de la garde du roi. Le peu de tendresse que mon grand-père avait pour ses enfans lui fit presque oublier celui-ci dès qu'il ne le vit plus ; mon oncle se vit donc abandonné à Madrid [1], et n'eut d'autre ressource que lui-même :

---

1. Paris.

il se répandit beaucoup, joua gros jeu, et heureusement ; il se fit aimer de beaucoup de femmes, et se passa aisément des secours que son père lui refusait. Mon oncle était fait pour les femmes. Né avec la plus grande complaisance, la plus grande discrétion, une persévérance infatigable, et l'art heureux de savoir vivre pour les autres, il était très aimable aux yeux de celles qu'il attaquait. Il obtint par ses maîtresses et par le cardinal Porto-Carrero, dont il était un peu parent, une compagnie de cavalerie ; et, après avoir servi longtemps avec agrément, il vendit sa compagnie pour épouser une femme à laquelle il était attaché depuis bien des années [1] ; mais, le prix de cette compagnie ne le rendant pas bien riche, il courut auprès d'un de ses vieux oncles, qui demeurait à Pedrera, petite ville du royaume de Grenade, pour se faire nommer son héritier. Mon père, sachant qu'il était peu éloigné de son frère, voulut aller l'embrasser, et trouva tout simple d'y mener son fils. Nous partîmes donc pour Pedrera, et nous nous arrêtâmes à Grenade : j'y fus présenté au duc d'Aveyro, notre vice-roi. Le hasard me fit connaître de la duchesse son épouse : j'étais à la comédie, et mon père m'avait habillé en hussard. Ma figure ou mon habit fut

---

1. Marie-Élisabeth Mignot, nièce de Voltaire et sœur de Mme Denis.

remarqué de la duchesse d'Aveyro, qui me fit venir dans sa loge : elle me dit que j'avais de fort beaux yeux, mais qu'ils étaient un peu trop grands. Le hasard fit que je lui répondis qu'ils ne le seraient jamais assez pour la regarder. Je n'avais que sept ans, ma réponse lui plut; elle me fit souper chez elle, et je fus comblé de caresses et de bonbons.

Nous continuâmes notre route, et nous arrivâmes à Pedrera. Mais quelle fut notre surprise à la réception que l'on nous fit! Le vieux richard crut que mon père venait pour enlever ou du moins partager la fortune qu'il pouvait donner, et n'eut pas l'art de déguiser cette crainte. Mon père, peu content de l'accueil, partit le lendemain de son arrivée, et retourna dans sa terre, un peu piqué du succès de son voyage.

Son premier soin fut de me conduire à Santa-Fé, dans une espèce de collége où je restai près d'une année, me perfectionnant dans la lecture et dans l'écriture, sans apprendre rien au delà : car je compte pour rien certaines leçons que l'on nous enseignait comme à des perroquets, et que nous débitions ensuite sur un théâtre construit pour attirer des pensionnaires au principal du collége. Peu de temps après, ce collége fut transféré à Priego, où j'avais été élevé : j'y restai quelque temps encore, et j'avais près de neuf ans lorsque mon père résolut de me faire inoculer.

CHAPITRE III

Inoculation. Ce que c'était que ma tante. Départ du royaume de Grenade.

L'INOCULATION n'était pas alors aussi en vogue qu'aujourd'hui ; elle avait beaucoup d'ennemis dans le royaume de Grenade. Ce pays, le plus beau de l'Espagne pour le climat, est aussi le plus superstitieux ; tous ceux qui me voyaient faire les préparatifs nécessaires pour être inoculé me regardaient comme perdu ; et l'on disait que mon père serait sûrement puni de sa hardiesse à *tenter Dieu* ; c'était l'expression dont se servaient beaucoup de Grenadins et toutes les dévotes grenadines : mon père ne s'en disposait pas moins à rassurer mes jours contre une maladie mortelle, et il avait loué une maison à Guadix, de concert avec un de ses voisins qui voulait aussi *tenter Dieu* et faire inoculer sa fille. Cette jeune personne, appelée Séraphine, n'avait qu'un an de moins que moi, et promettait déjà de faire du bruit par ses charmes. Nos deux pères se firent un plaisir de nous faire inoculer ensemble, et l'on nous conduisit à Guadix. Séraphine et moi nous habitions la même chambre ; nos deux lits étaient l'un contre l'autre, nous ne nous quittions pas; nous nous aimions de tout notre cœur, nous nous promettions de nous aimer toujours; nous nous embrassions avec un plaisir au-dessus de notre âge; nous savions déjà faire la différence des baisers de l'amour à ceux de la simple amitié : car les baisers que je donnais à Séraphine devant son père ne ressemblaient point du tout à ceux que j'imprimais sur ses lèvres quand nous étions sûrs de n'être pas vus. Pendant le repos que la petite vérole nous laissa, Séraphine et moi nous nous enfermions souvent ensemble. Je me rappelle avec plaisir tout ce que nos cœurs se disaient; et le temps de mon inoculation est une époque dont je me souviendrai toujours avec délices; toutes les circonstances m'en sont présentes; je n'ai jamais oublié les sermens que me faisait Séraphine. Vous verrez qu'elle ne s'en souvint pas aussi bien.

Dès que je fus guéri, mon père me ramena à Niaflor, où je passai quelque temps à ne faire autre chose que tuer des oiseaux et lire les livres que je pouvais trouver dans la vieille bibliothèque du château. Mon père, qui me destinait au service, aimait à me voir manier un fusil à huit ou neuf ans; il me donnait de la poudre, du plomb; je courais les champs tout seul, tuant fort bien des moineaux, et le soir je revenais au château rapporter ma chasse et lire quelque livre : celui qui me plaisait le plus était la traduction de l'*Iliade* d'Homère; les exploits des héros grecs me transportaient, et, lorsque j'avais tué un oiseau un peu remarquable par son plumage ou par sa grosseur, je ne manquais pas de former un petit bûcher avec du bois sec au milieu de la cour; j'y déposais avec respect le corps de Patrocle ou de Sarpédon, j'y mettais gravement le feu, et je me tenais sous les armes jusqu'à ce que le corps de mon héros fût consumé; alors je recueillais ses cendres dans un pot que j'avais volé à la cuisine, et j'allais porter cette urne à mon grand-père, en lui nommant celui dont elle renfermait les restes. Mon grand-père riait, et m'aimait beaucoup; il était revenu de Murcie finir ses jours tranquillement avec son fils : quoique âgé de plus de quatre-vingt-dix ans, il travaillait continuellement; né avec beaucoup d'esprit et d'une vivacité prodigieuse, il était le même qu'il avait toujours été, et ses années ne l'avaient pas vieilli.

J'avais dix ans, la chasse et l'*Iliade* partageaient mes jours, lorsque cet oncle dont je vous ai parlé écrivit à mon père de me conduire chez don Lope de Vega [1], à Fernixo [2], dans le royaume de Valence. Voici la première époque intéressante de

---

1. Voltaire.
2. Ferney.

ma vie : il faut, pour vous mettre au fait, que je reprenne l'histoire de mon oncle.

Après s'être fait donner tous les biens du vieux oncle de Pedrera, il l'engagea à vendre une terre qu'il avait, pour venir à Madrid [1] se mettre en pension dans la maison qu'il comptait tenir avec celle qu'il allait épouser. Le vieux oncle fit tout ce qu'il voulut, et, après la vente de la terre, ils partirent ensemble pour Madrid. Un attachement de vingt années faisait désirer à mon oncle et à doña Ferenna que leur mariage se terminât. Il est temps de vous faire connaître doña Ferenna : c'était alors une femme de quarante ans, veuve d'un magistrat qui lui avait laissé un fils dont je vous parlerai ci-après. Elle était grande, bien faite, bonne, assez bien de figure. Elle portait dans ses yeux tout l'esprit qu'elle avait, et personne n'en eut un plus juste et plus fin ; elle était tendre, compatissante, toujours prête à tout sacrifier à la personne qu'elle aimait, mais quelquefois impérieuse et exigeante ; voilà les deux seuls défauts que ma reconnaissance pour elle m'a permis de voir. Mon oncle fut assez heureux pour lui plaire et pour l'épouser. Ils vécurent tantôt à Madrid, tantôt dans une terre dont ma tante avait l'usufruit. Peu de temps après ce mariage, mon oncle eut le malheur de se

---

1. Paris.

brouiller avec ce vieux oncle, son bienfaiteur ; des tracasseries domestiques les forcèrent de se séparer, et le vieillard mécontent n'a cessé jusqu'à sa mort de se plaindre de mon oncle.

Comme ma tante était propre nièce de Lope de Vega, elle engagea son époux à aller passer un été chez ce grand homme, qui s'était alors fixé à Fernixo, dans le royaume de Valence : ce n'était pas le premier voyage qu'y faisait mon oncle; aussi saisit-il avec empressement l'occasion d'y retourner. Ce fut de là qu'il écrivit à mon père de le venir voir et de m'amener avec lui. On employa peu de temps à faire mon équipage. Je pris congé de mon grand-père, qui me dit bien en m'embrassant que c'était la dernière fois. Je quittai mon frère, toujours malade des suites de son accident, et enfin mon père et moi prîmes la route de Fernixo. Nous rencontrâmes à Guadix le père de Séraphine qui la conduisait avec sa sœur à Carthagène pour y achever leur éducation. J'eus le plaisir de voyager avec la belle Séraphine : car nos deux pères se mirent dans la même voiture, et laissèrent leurs enfans dans l'autre. A Carthagène, nous nous séparâmes, et mon père et moi continuâmes notre route vers Fernixo.

CHAPITRE IV

Début à Fernixo. Bataille des Pavots.

Ce fut au mois de juillet 1765 que j'arrivai chez le premier homme de l'Europe. J'y trouvai cet oncle et cette tante que je vous ai déjà dépeints : ils me comblèrent de caresses, et me présentèrent à Lope de Vega et à doña Nisa [1], sœur de ma tante, et nièce comme elle de ce grand génie. Il serait trop long de vous dire toutes les bontés dont me combla cette doña Nisa : elle faisait les honneurs de la maison de son oncle, et avec son caractère, que je vous dévoilerai dans peu, il était impossible qu'elle ne les fît pas bien. Mon père, enchanté de l'accueil que nous avions reçu, convint avec mon oncle d'une certaine somme qu'il lui payerait tous les ans, pour mon éducation, et partit pour retourner dans sa terre, après m'avoir recommandé à son frère et à sa belle-sœur. Cette recommandation était inutile : ma tante avait pris beaucoup d'amitié pour moi, et cette amitié augmentait tous les jours.

---

1. Mme Denis.

Je n'avais que dix ans; je savais bien que Lope de Vega était supérieur par son génie au reste des hommes; mais j'étais peu en état de sentir cette supériorité; le respect que j'avais pour lui était mêlé de beaucoup de crainte; quinze jours suffirent pour la dissiper. Lope de Vega me fit tant de caresses que bientôt il devint celui de sa maison que j'aimais le mieux. Souvent il me faisait placer auprès de lui à table; et, tandis que beaucoup de personnages, qui se croyaient importans, et qui venaient souper chez Lope de Vega pour soutenir cette importance, le regardaient et l'écoutaient, Lope se plaisait à causer avec un enfant. La première question qu'il me fit fut si je savais beaucoup de choses. « Oui, Monsieur, lui dis-je, je sais l'*Iliade* et le blason. » Lope se mit à rire, et me raconta la fable du *marchand, du pâtre et du fils de roi* : cette fable et la manière charmante dont elle fut racontée me persuadèrent que le blason n'était pas la plus utile des sciences, et je résolus d'apprendre autre chose.

Lope de Vega avait un aumônier[1] pour faire sa partie d'échecs. Cet aumônier avait été jésuite, et savait assez bien le latin; ma tante le pria de vouloir bien m'en donner les premiers principes. On

---

1. Le père Adam, dont Voltaire disait en riant qu'il n'était pas le premier homme du monde.

m'acheta des livres, on me fit faire des thèmes ; et, comme j'étais souvent embarrassé pour mettre en latin ce que je n'entendais pas trop bien en français, je m'en allais par la garde-robe de Lope le prier de me *faire ma phrase;* ce grand homme, que j'interrompais quelquefois au milieu d'une tragédie, ne se fâchait jamais ; *il me faisait ma phrase* avec tant de bonté que je m'en retournais toujours croyant que c'était moi qui l'avais faite : l'aumônier trouvait mon thème excellent; on le lisait dans le salon, on le montrait comme un petit chef-d'œuvre à Lope de Vega, qui disait en souriant que c'était fort bien pour mon âge.

Ma tante, qui m'aimait beaucoup et qui avait à cœur mon éducation, cherchait à y contribuer autant qu'elle pouvait. Tous les jours, à sa toilette, je venais lire haut le *Télémaque* de Fénelon et le *Siècle de Louis XIV;* elle me demandait mes réflexions sur mes lectures, elle s'efforçait de rendre mon esprit juste, et personne n'était plus en état qu'elle de donner de telles leçons. J'aimais beaucoup mon maître, et je voyais bien que j'en étais aimé ; je travaillais au latin avec plaisir et succès ; mes lectures m'instruisaient davantage, mais ne m'amusaient pas autant que cette *Iliade* que j'avais si souvent relue chez mon père ; mes héros grecs étaient toujours dans ma tête, et je résolus de bien repasser toutes leurs actions dans le jardin de Lope de Vega. Dans ce jardin il y avait plusieurs carrés de fleurs, et parmi ces fleurs les plus beaux pavots du monde élevaient leurs têtes panachées ; toutes les fois que je passais près d'eux, je les regardais de côté, en disant tout bas : « Voilà de perfides Troyens qui tomberont sous mes coups » ; je donnais à chacun d'eux le nom d'un fils de Priam, et le plus beau des pavots s'appelait Hector.

Pour rendre l'illusion plus complète, je m'étais fait une épée de bois, que j'imaginais avoir été forgée par Vulcain : cette épée était fatale aux pavots ; souvent j'entrais dans les carrés pour ôter la vie à quelque Troyen ; mais, pour mieux suivre la vérité de cette histoire, je ne faisais pas un grand carnage ; j'étais toujours repoussé jusqu'à mes vaisseaux, qui étaient de fort jolis cabinets de charmille : là je me reposais en attendant que la colère d'Achille fût passée et qu'il revînt au secours des Grecs. Enfin ce grand jour arriva : la mort de Patrocle fit courir le fils de Pélée à la vengeance ; je m'arme de ma terrible épée, et, malgré les efforts des ennemis, j'entre dans un des carrés et je coupe la tête à mille pavots ; non content de tant de héros immolés aux mânes de mon ami, je passe dans un autre carré. En vain le Xanthe en fureur veut s'opposer à mon courage, je brave les eaux du Xanthe, et je fais mordre la poussière à tous les pavots qui s'offrent à mes coups. Déjà Déiphobus n'est plus, Sarpédon ne voit plus la lumière, Astéropée est tombé sous mes coups; le champ de bataille est couvert de morts et de mourans : ce n'était pas assez; Hector restait, Hector, le meurtrier de Patrocle! le meurtrier de mon ami! Hector levait une tête superbe et semblait braver ma fureur : je m'élance vers lui; déjà mon épée était prête à lui porter le coup mortel. Tendre Andromaque, malheureux Astyanax, tremblez, Hector va périr, il va tomber sous le fer d'Achille. Un bonheur inespéré sauva la vie à Hector : Lope de Vega parut au moment où j'allais porter le coup mortel au héros de Phrygie. Lope me regardait depuis une demi-heure coupant la tête à tous les pavots; il voulut sauver le superbe Hector, et me demanda doucement le motif de ma fureur. Je lui dis que je repassais mon *Iliade,* et que, dans ce moment, j'étais devant les portes Scées, où Hector devait périr. Lope de Vega rit beaucoup, et, me laissant continuer mon combat, il courut raconter ma victoire dans le palais de Priam.

CHAPITRE V

Fête à Fernixo.

LES soins et les bontés que l'on me prodiguait à Fernixo m'empêchaient de regretter la maison paternelle ; d'ailleurs ce beau château était le centre des fêtes et des plaisirs. Les plus grands seigneurs de l'Europe venaient tous admirer le grand homme qui y résidait ; une foule d'étrangers, toujours nouvelle, venait assister aux spectacles que donnait Lope de Vega. Il faisait jouer ses pièces dans une salle qu'il avait bâtie exprès, et la señora Clairon [1], cette actrice qui fit tant de bruit en France, vint jouer sur son théâtre et passer quelque temps avec lui ; elle enchanta tout le monde par ses talens : moi, qui n'avais que dix ans, je fus enchanté de sa figure ; je ne la quittais jamais, on me trouvait toujours dans sa chambre, et l'aumônier se plaignait que mes thèmes n'allaient plus si bien. Ma tante fut bien aise que l'on me donnât de petits rôles, et je jouai deux ou trois valets dans des comédies de Lope de Vega. La señora Clairon avait la bonté de me faire répéter.

---

1. Ici un nom français a échappé au narrateur.

Je prenais aisément ses inflexions de voix, et, lorsqu'elle me donnait mes leçons, je voulais toujours les prendre à ses genoux. A la représentation je fus fort applaudi. Don Lope me donna un diamant pour marque de son amitié, et la belle señora, ma maîtresse, m'embrassa plusieurs fois : ce que j'aimais bien mieux que le diamant de Lope.

Ce grand homme voulut donner une fête à la belle actrice ; et cette fête fut d'autant plus agréable que les apprêts s'en firent sans qu'elle s'en doutât. Les vers que fit don Lope pour cette fête ne sont pas les meilleurs qu'il ait faits dans sa vie ; mais, comme tout ce qui vient d'un homme célèbre intéresse toujours, surtout lorsque peu de gens le connaissent, je vais rapporter fidèlement et en détail la fête donnée à la señora Clairon.

C'était au mois d'août, le jour de sainte Claire ; le soleil était couché depuis longtemps ; les fenêtres ouvertes du salon laissaient entrer un vent si doux que mille bougies allumées n'en étaient pas agitées ; tout le monde assemblé autour de la divine actrice racontait avec plaisir combien elle avait fait verser de larmes à sa dernière représentation. Tout à coup on annonce un berger et une bergère, qui venaient apporter un bouquet à la belle Aménaïde ; nous entrons, j'étais vêtu de blanc, et mon habit, mon chapeau et ma houlette étaient garnis de rubans roses. Une jeune fille, vêtue de même, soutenait avec moi une grande corbeille pleine de fleurs : nous nous approchons de celle pour qui nous les avions cueillies ; tout le monde fait cercle ; Lope se cache modestement derrière le fauteuil de la fière Électre, et nous chantons le dialogue suivant, qui avait coûté un quart d'heure de travail à don Lope. Nous essayons de le traduire en français, en prévenant qu'il perd beaucoup à la traduction.

Sur l'air d'*Annette à l'âge de quinze ans.*

LA BERGÈRE.

Dans la grand'ville de Paris
On se lamente, on fait des cris :
Le plaisir n'est plus de saison ;
    La comédie
    N'est plus suivie :
Plus de Clairon.

LE BERGER.

Melpomène et le tendre Amour
La conduisirent tour à tour ;
En France elle donna le ton.
    Paris répète :
    « Que je regrette
Notre Clairon ! »

LA BERGÈRE.

Dès qu'elle a paru parmi nous,
Les bergers sont devenus fous ;
Tircis a quitté sa Fanchon.

Si l'infidèle
Trahit sa belle,
C'est pour Clairon.

LE BERGER.

Je suis à peine à mon printemps,
Et j'ai déjà des sentimens.

LA BERGÈRE.

Vous êtes un petit fripon.

LE BERGER.

Sois bien discrète,
La faute est faite :
J'ai vu Clairon.

TOUS DEUX ENSEMBLE.

Clairon, daigne accepter nos fleurs ;
Tu vas en ternir les couleurs ;
Ton sort est de tout effacer.
La rose expire,
Mais ton empire
Ne peut passer.

La señora, transportée, s'élança au cou de Lope de Vega, et m'embrassa moi-même plusieurs fois ; elle accepta notre corbeille, au fond de laquelle elle trouva une superbe robe de perse ; mon oncle, toujours galant, se précipita à ses pieds pour obtenir la permission de la broder en or au tambour. La señora était encore occupée à remercier, lorsque deux ou trois fusées lui firent porter les yeux vers le jardin, où l'on tirait un superbe feu d'artifice. Après le feu, on alla souper à une table dont le dais était de guirlandes; je fus placé près d'Aménaïde; l'on but du tokay à sa santé; l'on me fit répéter ma chanson, et, au moment où je la finissais, don Lope, qui était très gai, se mit à chanter d'une voix entrecoupée ce couplet qu'il venait d'ajouter :

>Nous avons vu mourir Vanlo,
>Nous venons de perdre Rameau,
>Nous avons vu quitter Clairon.
>   Quel sort funeste !
>   Mais il nous reste
>   Monsieur F......[1].

Toute la table répéta en chœur le couplet de don Lope, l'on se leva pour aller danser, et l'on ne quitta le bal que pour admirer le plus beau spectacle que les yeux puissent voir, c'est le soleil levant à Fernixo. Fernixo est entouré de montagnes couvertes de neige en tout temps; dès que les premiers rayons du soleil viennent les frapper, on voit l'or se répandre lentement et par degrés sur les sommets glacés que l'œil peut à peine mesurer; cette vive lumière descend des montagnes pour venir éclairer un pays superbe, et se réfléchir dans un lac qui couvre sept lieues d'étendue. Le chant

---

1. Fréron.

des oiseaux qui saluent le jour, le bruit et les chansons des paysans qui vont couper les épis qu'ils ont fait éclore, le coup d'œil d'un fleuve majestueux qui sort en bouillonnant du lac, et roule avec impétuosité une onde assez rapide pour ne pas se mêler à ses eaux ; une ville bâtie sur ses bords et qui repose la vue : tel est le spectacle dont on pouvait jouir dans les jardins de Fernixo : tout le monde l'admira, et fut se coucher.

CHAPITRE VI

Portraits.

J'AURAIS dû vous faire plus tôt, mon cher lecteur, le portrait de doña Nisa, la sœur de ma tante. C'était alors une femme de cinquante-cinq ans, qui joignait à de l'esprit beaucoup de talens et une excessive bonté ; elle poussait même cette dernière qualité jusqu'à la faiblesse : on lui reproche d'avoir été galante dans son jeune temps ; je le crois aisément, et cela doit être. Doña Nisa n'est heureuse qu'autant qu'elle est subjuguée ; son âme a tellement besoin d'être remplie qu'elle aimerait plutôt une poupée que de ne rien aimer du tout ; généreuse et noble jusqu'à la profusion, jalouse du mérite des autres femmes, inconstante dans tous ses goûts, et oubliant aussi vite les injures que les services. Elle avait alors avec elle une petite-fille du grand Calderon [1], le père du théâtre espagnol, que don Lope avait élevée, dotée, et mariée à un capitaine de dragons, nommé don Podillo [2]. Pendant le temps que j'étais à Fernixo, doña Podilla accoucha d'une fille que doña Nisa adopta dès cet instant. Dans la suite de ces mémoires j'aurai plusieurs choses à vous raconter de la jeune Podilletta.

Au bout de trois mois de séjour à Fernixo, il fallut le quitter, et je pris à regret la route de Madrid, où mon oncle et ma tante allaient passer l'hiver. Le premier plan de mes parents, en me faisant venir du royaume de Grenade, avait été de me mettre en pension à Madrid ; mais l'amitié vive que ma tante avait prise pour moi dérangea ce projet, et il fut décidé que je ne la quitterais pas et que j'aurais un précepteur. Je méritais la tendresse de ma tante par celle que j'avais pour elle ; jamais je n'avais su ce que c'était qu'une mère ; c'est elle qui m'apprit comment on les aimait.

A notre arrivée à Madrid, nous fûmes reçus par M. l'abbé Marianno [3], frère de ma tante, et don Avilas, son fils du premier lit. Ces deux messieurs

---

[1]. Pierre Corneille.
[2]. Dupuits, cornette de dragons.
[3]. L'abbé Mignot, neveu de Voltaire.

avaient loué une maison dans la rue de Léon, pour l'habiter avec mon oncle et ma tante : je fus tout étonné d'y trouver mon appartement ; on m'habilla comme un petit seigneur ; j'eus un laquais, et l'on chercha partout un précepteur.

Nous restâmes peu de temps à Madrid : nos parens allèrent passer le mois d'octobre (1765) chez un don Bornillo, dont la ruine a fait depuis beaucoup de bruit en Espagne. Il habitait alors la terre de son nom, à quinze lieues de Madrid. L'opulence qui régnait dans ce château était à peu près comme celle qui régnait à Fernixo : nous y fûmes très bien reçus, et, pendant le temps que nous y passâmes, tout ce que la chasse et la pêche peuvent avoir de plus agréable contribua à nos plaisirs. Don Avilas, le fils de ma tante, nous y avait suivis ; il n'avait alors que vingt-quatre ans, et était membre du conseil de Castille. Je suis trop son ami pour risquer de faire son portrait. Don Avilas était très estimé dans son corps, et, quoique bien jeune, il avait beaucoup de vieux amis. Il s'intéressa à moi dès ce temps-là, et cet intérêt n'a fait qu'augmenter depuis.

Après un mois de séjour à Bornillo, nous revînmes à Madrid. Comme l'on ne m'avait point encore trouvé de précepteur, ma tante pria son frère l'abbé Marianno de vouloir bien me continuer mes principes de latin. Je fus donc l'écolier de l'abbé Marianno, et j'ai maudit plus d'une fois mon maître : c'était un homme de quarante ans, qui avait beaucoup d'esprit et de l'érudition ; éloquent, plein de feu, avide de travail, vertueux jusqu'au fanatisme, juge sévère des actions d'autrui, entier dans son opinion, fier de ne l'avoir jamais fait plier à celle d'un autre ; faisant le bien par plaisir, mais disant du mal trop publiquement de ceux qu'il n'estimait pas. Son estime était difficile à acquérir ; il fallait être bien plus parfait que lui-même pour qu'il vous en crût digne ; et si, par malheur, vous lui aviez déplu une fois, son implacable austérité n'oubliait jamais votre faute, et la rappelait toujours ou à vous-même, ou à vos amis. L'abbé Marianno était tel, en un mot, qu'il était aussi difficile de l'aimer que de ne le pas estimer. Il eut la bonté de me donner des leçons ; mais je tremblais en entrant dans sa chambre : ses railleries amères m'humiliaient presque toujours. On regarde comme un grand bien d'abattre l'orgueil d'un enfant ; on a raison sans doute de combattre sa vanité ; mais, lorsque le combat est perpétuel, l'enfant toujours battu ou perd nécessairement de la force et de l'énergie de son caractère, ou, si cette énergie est assez forte pour résister, elle se tourne contre le continuel agresseur qui la tourmente ; l'âge vient, et l'impression reste. L'enfant, devenu homme, se souvient des terribles leçons qu'on lui a données, et, en payant le tribut de reconnaissance qu'il vous doit, il vous refuse avec joie ce dont la nature lui laisse la liberté, sa confiance.

Enfin l'on me trouva cependant un précepteur ; il s'appelait Bovino[1]. Cet homme, né avec de l'esprit et beaucoup de connaissances, ne laissa pas de m'avancer dans mon latin pendant le peu de temps que je restai avec lui. Il se livrait cependant moins à l'éducation de son pupille qu'à son goût pour l'art dramatique : le succès qu'a eu depuis sa tragédie des *Chérusques* semble prouver qu'il n'était pas sans talent.

CHAPITRE VII

Mes précepteurs.

PENDANT l'hiver que nous passâmes à Madrid, je menai une vie douce et agréable ; ma tante donnait à souper deux fois par semaine, et familiarisait mon enfance avec le monde : elle s'était chargée de mes lectures, et avait l'art de me faire lire avec fruit. Son grand désir était de me rendre

---

1. Bauvin (Jean-Grégoire) a collaboré à *l'Observateur* avec Marmontel.

l'esprit juste, et tous les matins je lui portais l'extrait de ce que nous avions lu la veille; ces extraits, en me rappelant les faits, m'apprenaient à écrire et à narrer; ma tante corrigeait mes extraits; et, lorsqu'elle était contente de mon travail, ma récompense était d'aller à la Comédie française : je jouissais souvent de ce plaisir. Elle avait la moitié d'une loge, et elle regardait le spectacle comme une partie de l'éducation. Nous allions donc toujours ensemble à la comédie; mon oncle nous y menait, et nous laissait ensuite pour aller voir ses connaissances particulières. J'écoutais la pièce avec attention, parce que je savais que ma tante m'en demanderait compte : cette manière de m'amuser m'instruisait à sentir et à rendre ce que je sentais. Mon précepteur avait assez d'exactitude pour m'être utile, et pas assez pour me gêner. Don Avilas et l'abbé Marianno prenaient de l'amitié pour moi, et se plaisaient à me faire de ces petits présens qui rendent si heureux les enfans; je m'instruisais, je m'amusais, j'étais content, lorsque Bovino, mon précepteur, nous quitta. Bovino ne voulut point venir à la campagne, et nous donna à sa place un certain Hecco, qu'il assura nous convenir parfaitement; on le prit sans examen, parce qu'on était à la veille d'un départ : la belle saison rappelait mes parens à une terre dont ma tante avait l'usufruit. Cette terre était dans les Asturies;

mon oncle l'aimait beaucoup, de sorte qu'à peine les beaux jours commencèrent que, prenant congé de l'abbé Marianno et de don Avilas, nous nous mîmes en chemin pour les Asturies. La terre où nous allions s'appelait Avilas, et n'est pas à une grande distance de Madrid. C'est un endroit peu agréable ; la maison, mal bâtie, a plutôt l'air d'une ferme que d'un château ; peu de promenades, point d'eau, un pays plat et sans vue : voilà la position d'Avilas ; mais le voisinage dédommageait de la situation. La marquise de Careva avait une terre auprès, et y vint passer l'été. Doña Sachera, nourrice de Sophia [1], fille du roi, vint aussi chez son fils l'abbé de Santo Pedro, dont l'abbaye était à un quart de lieue d'Avilas. Cette doña Sachera avait une nombreuse famille, et tout ce monde répandait beaucoup de gaieté dans la maison de mon oncle, qui était leur rendez-vous commun. J'étais, pendant ce temps, sous la férule de mon précepteur Hecco. Peu de jours suffirent pour nous apercevoir de son incapacité ; il ne savait pas un mot de latin ; on le congédia, après s'être assuré d'un autre à Madrid. Le malheureux Hecco s'en alla, et, n'ayant plus de ressource, il se passa son épée au travers du corps ; il ne se tua pas, et don

---

[1]. Madame Sophie (Philippine-Élisabeth-Justine de France), fille de Louis XV.

Avilas le servit en empêchant la poursuite de cette malheureuse affaire. L'abbé Marianno, qui s'était chargé du soin de me trouver un précepteur, nous envoya un certain abbé Bertillo, dont la science était assurément la seule qualité : cet homme vint me joindre à Avilas, et je fus mis sous sa discipline. Jamais il n'y en eut de plus dure : il me battait, toutes les fois qu'il n'avait rien à faire, avec une certaine règle qui ne le quittait pas, et presque toujours il était oisif. Enfin j'eus le courage de m'en plaindre à ma tante, et l'abbé Bertillo fut renvoyé. Le vicaire d'Avilas se chargea de corriger mes versions en attendant un quatrième précepteur, qui ne tarda pas à arriver; il s'appelait l'abbé Bonino, et ne savait que médiocrement son latin. Comme nous étions près de notre départ pour Madrid, nous l'emmenâmes avec nous.

L'hiver que je passai à Madrid fut exactement le même que le précédent. Mes études, un maître à danser, les spectacles et les soupers de ma tante partageaient mon temps. L'abbé Bonino m'en laissait perdre beaucoup, et courait fréquemment les rues de Madrid. Je me souviens qu'il me menait souvent chez une demoiselle qui demeurait rue des Prêtres, à un cinquième étage. Cette personne peignait des éventails, mais elle quittait la peinture pour recevoir mon précepteur. Je remarquais qu'elle avait toujours quelque chose à lui dire en particulier, ce qui les obligeait de passer dans la chambre d'à côté; je restais dans la première pièce, où je me souviens qu'on me laissait toujours un gros chat pour me divertir.

Peu de mois passés à Madrid firent ouvrir les yeux à ma tante sur l'abbé Bonino : le malheureux penchant qu'il avait à l'ivrognerie la détermina à le renvoyer; et, comme j'avais été jusqu'alors très malheureux en précepteurs, elle résolut de me mettre en pension chez un certain abbé Chocardo, qui demeurait à la barrière Saint-Dominique : tout fut arrangé pour que j'y fusse placé; j'allai même y faire ma première visite, et je devais y entrer huit jours après, lorsqu'une tragédie dérangea tous ces projets.

CHAPITRE VIII

Année intéressante.

Don Lope de Vega fit jouer alors sa tragédie des *Scythes*. Je voulus absolument la voir, et, comme ma tante ne me refusait rien, elle suspendit mon entrée à la pension de l'abbé Chocardo. Pendant ce temps une amie de ma tante lui indiqua un précepteur qu'elle assura lui convenir parfaitement : la peine que mes parens avaient à se séparer de moi leur fit encore essayer ce dernier, et, au lieu d'entrer en pension, mon oncle prit ce nouveau précepteur, qui s'appelait Vrido. Le temps de quitter Madrid était venu ; nous partîmes donc pour Avilas, et nous emmenâmes Vrido avec nous. Mes parens n'eurent point à se repentir de l'avoir pris : c'était un homme bien au-dessus de son état, plein d'esprit et d'érudition, de mœurs irréprochables, et fait, en un mot, pour rendre son disciple vertueux, aimable et instruit. Vrido ne tarda pas à s'attacher à moi ; je le lui rendis de tout mon cœur, et cet attachement ne finira qu'avec moi.

J'étais dans ma douzième année, je commençais à penser et à sentir ; j'eus alors une petite idée de l'amour, un peu plus forte que toutes celles que vous avez pu remarquer. Je fis connaissance avec les nièces du poëte Tegrès[1] : la cadette me plut beaucoup, et, pendant un petit séjour que nous allâmes faire à leur château, j'étais aux petits soins avec celle que j'aimais. Je peux dater de cette époque mon premier sentiment ressemblant un peu à l'amour ; la ressemblance était bien légère, car je vis fort peu cette cadette, et je l'oubliai tout aussi vite que je m'en étais épris.

Mon oncle, qui me destinait au service, m'acheta

---

[1]. Les nièces de Gresset.

un petit cheval pour me donner les premiers principes de l'équitation. La possession de ce cheval fut un des plaisirs les plus vifs que j'aie sentis : j'aimais beaucoup mon petit coursier, qui était une jument : je lui avais donné le nom de Biche; je la parais de fleurs et de rubans, je lui faisais des vers, et le cœur me saigne encore en me rappelant que je fis accoucher ma Biche avant terme, pour l'avoir galopée pendant deux lieues dans le temps de sa grossesse. Biche était pourtant tendrement aimée, et elle a dû me regretter d'autant plus que de mon écurie elle a été finir ses jours dans un moulin.

Pendant le cours de cet été, ma tante fit connaissance avec un gentilhomme des environs, père de trois filles assez aimables. Elles étaient fort jeunes, et plurent infiniment à ma tante, qui les prit en amitié, les attira chez elle, et, les traitant comme ses filles, leur donna cet usage du monde et ce vernis qu'on n'acquiert guère qu'à Madrid.

Ces trois señoras avaient une femme de chambre nommée Joséphine, que je trouvai charmante; elle était effectivement jolie, et j'allais dans sa chambre le plus souvent que je le pouvais. Mon amour pour Joséphine me donna pour la première fois l'idée de la jalousie; je n'aimais point que personne vînt parler à Joséphine; et un jour que mon précepteur voulut l'embrasser par plaisanterie, je tirai exprès la chaise de Joséphine, qui tomba et se blessa : je fus enchanté de ce que cet accident l'empêchait d'être embrassée. Ses maîtresses se moquaient de mes amours avec leur femme de chambre ; leurs plaisanteries me déplurent. Ce qui acheva de m'aigrir contre elles, c'est qu'elles chassèrent Joséphine et que je ne vis plus l'objet de mes amours.

Cependant Vrido ne me laissait pas négliger mon latin ; j'avançais assez rapidement ; j'expliquais Horace et Virgile : ma tante, qui voulait cultiver la mémoire dont le Ciel m'avait doué, me faisait apprendre par cœur le poème de Lope de Vega ; lorsque je disais un chant sans faute, ma récompense était douze réales, et, comme ce poème avait dix chants, il me valut une piastre. Souvent l'on m'en faisait déclamer les morceaux les plus beaux ; on applaudissait mes talens, et mon petit amour-propre préférait une louange aux douze réales de ma tante. Mes jours se passaient gaiement : car, outre la société des trois beautés que Joséphine servait, nous avions toujours beaucoup de monde. Un nouvel hôte vint mettre le comble à mon bonheur.

Un jour, je m'en souviendrai toute ma vie, j'allais monter à cheval, je descendais l'escalier de ma chambre, lorsque j'aperçois à quelques marches de moi, qui ?... mon père, mon père que je n'avais pas vu depuis deux ans, mon père que je croyais à deux cents lieues de moi. Je me précipitai dans ses bras, la joie me fit pleurer à chaudes larmes ; je fus un quart d'heure sans pouvoir prononcer un mot ; je sanglotais et j'embrassais mon père. Mon oncle et ma tante furent émus de la vive sensation que j'éprouvais ; ils reçurent leur frère avec tendresse, et je me livrai à la mienne avec toute la vivacité que Dieu m'a donnée. Ce fut alors que j'appris la mort de mon grand-père : je le regrettai, quoique je ne l'eusse guère vu ; mais il était bon, il m'aimait, et nous serions trop malheureux s'il nous en fallait davantage pour chérir et pleurer quelqu'un. Il avait fait mon père son héritier universel, et ce testament lui assurait la possession incontestable de la terre de Niaflor.

L'arrivée de mon père décida mon oncle et ma tante à passer leur hiver à Avilas ; d'ailleurs ils avaient besoin de raccommoder leurs finances, qu'un séjour à Madrid avait dérangées. Je ne fus point fâché de ce projet ; je restai auprès de mon père, et nous avions de la société : un commandeur de Malte et une chanoinesse, sa nièce, passaient l'hiver dans leur commanderie, fort près d'Avilas. Les señoras Crinitto venaient souvent nous voir ; l'aînée, âgée d'environ vingt-deux ans, n'était pas jolie, mais elle était douce et honnête ; la seconde, nommée Henriette, était assez bien de figure, grande, bien faite, peu d'esprit, mais beaucoup de bon sens ; la troisième, la señora Gornilla, était la plus jolie et la plus spirituelle, mais elle était un peu contrefaite, et visait à l'épigramme, sans avoir assez de saillies pour soutenir avec agrément ce genre dangereux et brillant. L'abbé Marianno vint aussi nous voir et mit de la gaieté dans la maison ; l'hiver s'écoulait insensiblement : mon père était toujours avec Vrido et moi ; quelquefois nous allions ensemble à la chasse, que j'aimais assez ; mes études allaient bien, et cette année est une des plus douces de ma vie. Le départ de mon père me la fit regretter plus d'une fois. Au mois de mars 1768, il reprit la route du royaume de Grenade : cette séparation me coûta infiniment ; j'aimais mon père plus que moi, et je l'aimais d'autant plus que jusqu'alors je n'avais guère aimé que lui. Je fus bien longtemps à me consoler de sa perte ; je m'enfermais pour pleurer son absence, et Vrido n'était pas fâché de mon chagrin.

Ce fut dans cet instant que l'on me fit faire ma première communion. Jusqu'alors je n'avais pas fait grande attention à la religion. Le curé de la paroisse, qui m'instruisit, me fit une si grande frayeur de l'enfer que je devins dévot : je ne manquais plus la messe ; j'étais devenu un petit saint, et je fis ma première communion avec tout le zèle d'un converti.

A peine était-elle faite que mon oncle reçut

une lettre du premier écuyer de l'infant don Juan [1], par laquelle il lui apprenait que j'avais une place de page, et qu'on lui donnait le choix de m'envoyer cette année ou la suivante. La tendresse de ma tante la portait à renvoyer à l'année d'après : je n'avais que treize ans, j'aurais fort bien pu attendre ; mais mon impatience détermina. Il fut résolu que mon oncle me conduirait lui-même à Madrid. On me fit mon petit équipage : Vrido vit tous ces apprêts avec chagrin ; il m'aimait tendrement, et il devait rester à Avilas jusqu'à ce qu'il fût placé : je le quittai aussi avec regret ; j'embrassai ma bonne tante en pleurant, et le lendemain nous prîmes la route de Madrid.

CHAPITRE IX

Arrivée à Madrid; début dans la maison de don Juan. L'on m'essaye comme un cheval de cabriolet.

En arrivant dans cette capitale nous trouvâmes établie dans la maison de mon oncle doña Nisa que j'avais vue à Fernixo; doña Podilla, cette petite-fille du grand Calderon, et son mari don

---

[1]. Le duc de Penthièvre.

Podillo, dont je crois vous avoir parlé, y étaient aussi. Lope de Vega avait pris la résolution de ne plus voir personne, et, par une suite d'événemens trop longs à vous détailler, il avait prié sa nièce doña Nisa d'aller habiter Madrid. Don Podillo et sa femme l'avaient suivie, et, en attendant une maison, ils occupaient celle de mon oncle : ce fut là que je renouvelai connaissance avec doña Nisa, qui me marqua beaucoup d'amitié et d'intérêt.

Le lendemain de mon arrivée nous allâmes voir le premier écuyer de l'infant don Juan; c'était lui qui me faisait entrer page, et il nous conseilla d'aller à l'Escurial [1] voir le gouverneur, appelé don Cortillos.

Cette visite sera toujours gravée dans mon esprit. Je vis un grand homme brun, qui avait l'air dur et sot. A peine m'eut-il regardé qu'il dit en haussant les épaules, fronçant le sourcil et tournant vers mon oncle un œil bête et hagard : « Ça est trop petit, Monsieur, ça ne peut pas monter à cheval, et, depuis que le prince prend des brenaillons pour pages, j'ai été obligé d'acheter des bidaillons pour monter ces merdaillons. » Mon oncle, un peu piqué du début, lui dit qu'il attendrait l'avis de l'infant don Juan avant de me ramener chez lui, et le remercia de l'intérêt tendre qu'il

---

1. Versailles.

prenait à moi. Don Cortillos s'offrit pour me présenter lui-même à l'infant. Mon oncle refusa cet insigne honneur, et me reconduisit à Madrid.

Tous ceux à qui nous racontâmes notre visite rirent beaucoup de la courtoisie de don Cortillos, mais nous conseillèrent d'aller voir l'infant lui-même. Ce prince était alors à Loucienno, au chevet de son fils expirant; quoique ce fût une bien triste circonstance pour lui être présenté, cependant mon oncle me fit monter à cheval, et nous arrivâmes à Loucienno : l'infant avait déjà été prévenu par l'obligeant Cortillos; il me trouva bien faible et bien petit pour faire le service; j'avais beau me hausser sur la pointe des pieds, dans les grandes bottes fortes que j'avais, je ne gagnais pas assez de pouces pour paraître digne de l'état pagique; cependant le prince me sut gré de ma bonne volonté, et, pour me prouver la sienne (ce furent ses termes), il consentit à me prendre à l'essai. On convint de me faire aller à Crisco, l'une de ses terres, à dix-huit lieues de Madrid, et de m'en faire revenir le lendemain en poste; si je soutenais le voyage, je devais être reçu page : on me mit donc sur un bidet de poste; j'arrivai à Crisco, après avoir roulé la moitié du chemin; j'en revins de même; je mis fort peu de temps à ma course, malgré mes chutes, et je fus reçu page en dépit de don Cortillos. Mon oncle me donna de l'argent et des conseils, et me laissa à l'Escurial, où était le chef-lieu de l'éducation pagique; il chargea doña Sachera d'avoir soin de mes finances, de me fournir ce qui me serait nécessaire, et, après m'avoir embrassé, il retourna à Avilas.

Il faut que je vous peigne cette éducation pagique. Nous avions d'abord pour gouverneur ce don Cortillos qui m'avait si bien accueilli : c'était un homme fort dur, et qui, à force de vivre avec des chevaux de carrosse, était devenu le plus brutal cheval de l'écurie de l'infant don Juan; il suivait toujours ce prince, et veillait plus particulièrement sur les quatre anciens qui faisaient les voyages de l'infant, et le servaient dans ses différentes maisons. Les quatre autres pages, car nous n'étions que huit, restaient à l'Escurial sous la férule d'un certain abbé Rosiro : cet abbé était petit, laid, méchant, ignorant, sot et tartufe; c'était là notre digne mentor. Nous avions deux domestiques chargés de veiller sur nos actions et de rapporter fidèlement tout ce que nous disions et faisions. De plus, nous avions des maîtres de dessin, d'écriture, de mathématiques, d'exercices, d'armes, de danse et de voltige; mais la plupart de ces messieurs, trop grands seigneurs pour nous donner leçon eux-mêmes, avaient des prévôts, lesquels prévôts en sous-payaient d'autres, pour ne pas venir donner la leçon; tel était surtout don Blondino, notre maître de mathématiques, qui donnait quelque argent à l'abbé Rosiro pour nous enseigner l'arithmétique qu'il ne savait pas. Cet abbé Rosiro nous menait tous les jours à la messe; il avait souvent de l'humeur, et alors il nous mettait en prison pour se divertir. Je me souviens fort bien d'y avoir été mis pour avoir rêvé que je couchais avec une femme, et avoir raconté mon rêve; mais aussi l'on ne m'y mettait pas toutes les fois que j'allais voler du plomb sur les gouttières pour faire un bassin dans le jardin du signor abbé. Tel était notre équitable précepteur, et telle était l'école où j'ai passé les années les plus intéressantes de ma vie.

CHAPITRE X

Détails peu intéressans.

HEUREUSEMENT pour moi, je ne passai que six mois à l'Escurial sous la férule du digne abbé Rosiro. Ces six mois furent employés à me promener dans le parc de l'Escurial, à donner et recevoir des coups de poing, car les pages ne portent point d'épée; et, pour entretenir la valeur naturelle à tout Espagnol, ils passent leur vie à s'arracher réciproquement les cheveux. Quoique je n'eusse alors que treize ans et quelques mois, j'avais du plaisir à aller souvent admirer les tableaux qui ornaient les appartemens du roi d'Espagne : j'aimais la peinture, et le peu d'argent que j'avais était employé à acheter les estampes des tableaux qui m'avaient frappé ; j'étais devenu assez connaisseur en gravures ; cependant il faut avouer que je n'y employais pas tout mon argent ; le café, les liqueurs, en absorbaient une partie, et le plaisir que j'avais à régaler mes camarades pensa me devenir funeste. J'eus une maladie assez sérieuse, causée par la trop grande quantité de liqueurs que j'avais bue ; je fus près de six semaines malade ; mais cette leçon me corrigea pour toujours de l'intempérance, et depuis ce temps j'ai été sobre et bien portant. Enfin le temps de quitter l'Escurial arriva ; l'infant don Juan alla faire un voyage dans l'un de ses duchés, et laissa à Madrid la princesse Adélaïde [1], sa fille, et la princesse Thérésia [2], sa belle-fille, veuve de son malheureux fils. Il fallut deux pages pour aller servir ces princesses. Je fus donc envoyé à Madrid, et l'on m'attacha à la jeune princesse Adélaïde qui était au couvent de Monte-Marto [3] : je passai ce temps agréablement ; j'étais toute la journée dans le couvent de Monte-

---

1. La fille du duc de Penthièvre, plus tard duchesse d'Orléans.
2. La princesse de Lamballe.
3. Montmartre.

Marto, et j'y vivais de biscuits et de sirops. La princesse me comblait de bontés, et je la servais avec beaucoup de zèle; je n'avais pas grand mérite à cela, elle était alors ce qu'elle a été depuis et ce qu'elle sera toujours, douce, polie, aimable pour tout le monde, ne se souvenant jamais de sa dignité que pour faire du bien : elle était adorée par son dernier valet de pied comme par sa première dame d'honneur, et l'on pouvait prévoir dès lors qu'elle deviendrait chère à toute l'Espagne [1].

Un jour que je venais de la reconduire à son couvent, un homme se trouva vis-à-vis de moi, au tournant d'une rue; je ne pus arrêter mon cheval, et je lui marchai sur le corps : il y eut des plaintes portées, on m'envoya à l'Escurial en prison; mais la jeune princesse Adélaïde demanda ma grâce, et je revins continuer mon service auprès d'elle. Ce fut alors que je connus l'infant don Juan; il était de retour de son voyage, et, pendant le peu de temps qu'il séjourna à Madrid, j'eus le bonheur de lui plaire; il s'amusait à me faire causer, et dès ce moment il décida que je le suivrais partout. Je quittai donc la princesse Adélaïde pour passer au service de son père, dont les bontés pour moi allèrent toujours en augmentant. Il me donna le surnom de Pollichinello, que j'ai toujours porté

---

1. Sous le nom de douairière, duchesse d'Orléans.

depuis. Pollichinello ne quittait guère son maître, et devint un de ses favoris. Don Cortillos, dont l'âme basse et jalouse redoutait le crédit naissant de Pollichinello, ne perdait pas une occasion de me nuire dans l'esprit de l'infant, mais, malgré lui, ma faveur se soutenait : j'amusais le prince, chose qui n'était jamais arrivée à don Cortillos ; j'avais quatorze ans, j'étais plus instruit qu'on ne l'est ordinairement à cet âge : l'infant était bon et avait de l'esprit ; ces deux qualités m'assuraient son indulgence et la continuation de ses bontés.

CHAPITRE XI

Courses, fêtes. Étude des mathématiques. Mariage de don Avilas. Mort de ma tante.

Je passais ma vie sur les chemins ou à l'église, car don Juan était très dévot et voyageait sans cesse ; je n'étudiais guère, j'oubliais même ce que j'avais appris : mon projet était de servir dans la cavalerie, et je croyais qu'il était inutile de s'appliquer à autre chose qu'au cheval. Je lisais beaucoup de romans, que j'aimais avec passion. Celle de toutes mes lectures qui me plaisait le plus était la traduction de l'Arioste ; ce charmant poème faisait sur moi le même effet qu'avait produit l'*Iliade* dans ma première enfance ; je ne rêvais qu'à Charlemagne et à ses paladins ; je ne passais jamais sur le pont Neuf sans chercher des yeux l'endroit où Rodomont avait passé la Seine à la nage ; j'avais donné un nom à chaque cheval de l'écurie de l'infant, et le mien était toujours le fidèle Bayard. Mon temps se passait ainsi à courir, à lire et à rêver. Mon oncle et ma tante venaient passer leur hiver à Madrid, et j'allais souvent dîner chez eux ; d'ailleurs les fêtes se succédèrent à la cour d'Espagne pendant tout le temps que je fus page : le mariage de la princesse Adélaïde, mon ancienne maîtresse, avec l'infant don Joseph [1], fut le premier dont je fus témoin. Cette princesse me donna une montre, et toute la maison de son père pleura de la voir entrer dans une autre. Le mariage du duc de Bourbon avec la sœur de l'infant don Joseph suivit celui de la princesse Adélaïde [2] ; et enfin celui du prince des Asturies se fit au mois de mai 1770 [3]. J'assistai à toutes les fêtes qui se

---

1. Il s'agit du mariage de Philippe-Joseph, duc d'Orléans, avec la fille du duc de Penthièvre.
2. Louis-Henri-Joseph de Bourbon, prince de Condé, marié à Marie-Thérèse-Bathilde d'Orléans.
3. Louis XVI, alors Dauphin, dont le mariage avec Marie-Antoinette, a été marqué par une affreuse catastrophe arrivée aux Champs-Élysées, où périrent un grand nombre de personnes, par suite de l'encombrement de la foule accourue au feu d'artifice.

donnèrent à cette occasion. Je pensai périr au malheureux feu d'artifice qui coûta la vie à tant de citoyens de Madrid ; et, toujours à la suite de don Juan, je vis les différentes maisons du roi d'Espagne, et tout ce que sa cour avait de plus brillant.

J'avais ainsi passé deux années de mon temps de page ; j'étais âgé de quinze ans, et dans onze mois je devais entrer au service, lorsque tout à coup le désir de servir dans l'artillerie me prit : j'en fis part à mes parens, qui y consentirent ; mais il fallait travailler et apprendre quatre gros volumes sur lesquels il était nécessaire de subir un examen avant d'être admis seulement aux élèves. Rien ne me rebuta ; je pris un maître à Madrid ; je travaillai jour et nuit, je ne sortis plus de ma chambre ; pendant le temps que je suivais mon prince dans les visites qu'il faisait, j'avais mon livre dans ma poche, et, tandis qu'il faisait sa visite, je m'occupais dans l'antichambre à calculer le solide d'un boulet, ou à mesurer la hauteur d'une courtine. Un ancien général espagnol, qui venait dans la même maison que don Juan, me trouva un jour occupé à tracer sur le parquet de l'antichambre, avec de la craie, la démonstration de la vis : il fut édifié de mon goût pour l'étude, et me prédit que je serais général ; je ne demandais qu'à être élève, et mon ardeur pour le travail ne diminuait point. Il m'est arrivé souvent, dans le fort de l'hiver, courant à cheval devant la voiture de don Juan, de me rappeler une proposition que j'avais de la peine à démontrer sans figure; je descendais, et, traçant sur la neige, avec le manche de mon fouet, deux mobiles liés ensemble par une ligne inflexible, je calculais et démontrais le point où était leur centre de gravité; et lorsque j'avais fini ma démonstration je remontais à cheval, et je regagnais en galopant le temps que mes mobiles m'avaient fait perdre. Avec cette ardeur, je fis de grands progrès, et mon maître m'assurait tous les jours que je ne serais pas refusé à l'examen. Le temps s'écoulait insensiblement : dans l'été de 1770, je devais suivre mon prince à Aranjuez; mais la haine de don Cortillos ne manqua pas de prétextes pour me faire rester à Madrid. Ce contre-temps fut heureux pour moi; mon oncle et ma tante y vinrent pour marier ce don Avilas dont je vous ai parlé; il épousait la fille de don Sibalto, garde du trésor royal ; je fus prié de la noce, qui se fit à la campagne, à trois lieues de Madrid. J'allai donc passer quelques jours à cette campagne, et ce fut un grand plaisir pour moi de me retrouver avec cette bonne tante que j'avais quittée à regret : elle me combla de caresses, ainsi que le marié et la mariée, qui me donna une belle chaîne d'or pour présent de noce. Après quelques jours passés ainsi dans les plaisirs et dans les festins que cause toujours un mariage, il fallut retourner à mon service, et dire adieu à mon oncle et à ma tante qui reprenaient le chemin d'Avilas. En embrassant ma tante, je versais des pleurs comme si j'avais prévu que c'était la dernière fois que nous nous embrassions.

Hélas! je ne la revis plus; elle tomba malade peu de temps après à Avilas; les soins de mon oncle, l'art des médecins, prolongèrent sa faible vie jusqu'au mois de février; mais elle succomba à cette époque, et mourut en donnant encore des marques de son attachement pour moi. Elle me laissa six cents livres de rente viagère; je n'avais pas besoin de ce bienfait pour la pleurer.

Mon oncle, inconsolable, se rendit sur-le-champ à Madrid, où je le vis pénétré d'une douleur que rien ne pouvait calmer. Il fit vendre tous ses meubles, mit ordre à ses affaires, et loua une maison de campagne dans un village à cinq lieues de Madrid. Mon oncle avait douze ou quinze mille livres de rente, et devait en avoir encore six ou sept à la mort de ce grand-oncle, son bienfaiteur, duquel il s'était séparé. J'allais le voir à sa campagne le plus souvent que je pouvais; son amitié pour moi semblait augmenter par la perte de sa femme. Il fit un testament par lequel il me donnait tout ce qu'il laisserait après lui; il attendait impatiemment la fin de mon temps de page pour pouvoir me conduire lui-même au corps que j'avais choisi, et j'étais plus impatient que lui de voir arriver ce moment.

CHAPITRE XII

Premier instant de liberté. Ma sortie des pages.

PENDANT l'hiver de cette année était arrivé le fameux exil du conseil de Castille [1]. Don Avilas avait subi cet exil comme les autres, et même mieux que les autres, parce qu'il s'était montré plus entier dans ses sentimens; le roi d'Espagne l'avait envoyé dans le fond de la Sierra Morena ; la mort de ma tante, sa mère, était arrivée pendant le séjour qu'il fit à la Sierra, et il n'obtint d'être exilé à Avilas qu'à la sollicitation de son oncle l'abbé Marianno, qui, pensant d'une manière opposée à la sienne, était entré dans le nouveau conseil de Castille. Don Avilas repassa donc à Madrid pour aller dans son nouvel exil ; je le vis à son passage, et il me dit avoir hérité de toute l'amitié que ma tante avait pour moi.

---

[1]. Il s'agit de l'exil des anciens parlements et de l'avènement de celui de Maupeou.

Nous étions au mois d'avril. Je devais quitter les pages au mois de juin. L'infant don Juan alla faire un voyage dans ses terres; et, comme il était très important que j'étudiasse dans ces derniers momens, je lui demandai la permission de me mettre dans une pension, pour y profiter de mon maître de mathématiques; il y consentit, et me laissa à Madrid.

Voici le premier instant d'où je puis dater ma liberté; et, chose étonnante, je n'en fis pas mauvais usage. Je prenais jusqu'à trois leçons par jour, et j'allais les chercher d'une extrémité de Madrid à l'autre. Tous les soirs j'allais au spectacle, et je passais ma nuit à étudier; ma santé ne s'altérait point de cette manière de vivre.

Le temps s'écoulait; les leçons fréquentes de mon maître et l'ardeur avec laquelle j'étudiais m'avaient mis en état de subir un examen. Avant de m'y exposer, j'obtins de don Juan qu'il prierait l'examinateur de l'artillerie de m'examiner à Madrid avant d'aller à Durango[1], lieu où se faisait le concours. Je fus donc examiné et jugé digne de me présenter à Durango. Je fus alors un peu plus tranquille, et je repris mes fonctions de page auprès de don Juan. Ce fut l'instant où se maria le

---

1. Bapaume.

frère puîné du prince des Asturies ¹. J'assistai à ce mariage et aux fêtes qui le suivirent; tout de suite je quittai l'habit de page pour prendre l'uniforme. Je ne peux pas vous rendre le plaisir que me fit mon habit bleu : je me regardais dans tous les miroirs; j'étais occupé de savoir si j'avais bien l'air d'un officier. Ma cocarde et ma dragonne faisaient le bonheur de ma vie. J'allai passer quelques jours chez mon oncle; de là j'allai prendre congé du prince; et, comme mon oncle voulut me conduire lui-même à Durango, nous partîmes ensemble de Madrid le 2 juillet.

---

1. Louis-Stanislas-Xavier, comte de Provence, marié à Marie-Joséphine-Louise de Savoie, le 14 mai 1771.

LIVRE SECOND

CHAPITRE PREMIER

Nouvelle position. Départ pour Durango. Anecdote de doña Pradella. Arrivée à Durango. Concours et départ pour le château de don Crinitto.

J'ENTRE dans une nouvelle carrière, je quitte l'enfance et l'esclavage; j'ai seize ans, un uniforme et ma liberté. Je vais décrire mes erreurs et mes folies; trop heureux si, au moment où je les écris, il ne m'en reste plus à faire!

Avant de commencer le récit de ce qui m'arriva, il est à propos de vous peindre quelle était ma situation physique et morale. Mon père, toujours dans le royaume de Grenade et jouissant d'une médiocre fortune, m'avait totalement abandonné à mon oncle, qui se chargeait de mon entretien. Je vous ai dit que cet oncle avoit douze ou quinze mille livres de rente; il avait fait un testament avant de partir de Madrid, par lequel il me déclarait son seul héritier; j'avais à moi les six cents livres de rente que ma tante m'avait laissées, et une petite pension que me faisait mon oncle : cet oncle, en partant de Madrid, avait payé toutes mes dettes de page et tout l'argent qui était dû à mon maître de mathématiques. Enchanté de mon nouvel état, je regrettais peu tout ce que je quittais; j'étais fort vif, fort pétulant, fort avide de tout ce que je ne connaissais pas, et désirant avec fureur de me singulariser dans quelque genre que ce fût.

Voilà dans quelles dispositions je partis de Madrid, avec mon très cher oncle. Nous allâmes coucher tout près de Siguença, chez une doña Pradella, parente de mon ancienne tante : elle nous reçut fort bien, et j'aurais passé sous silence cette visite, si la vue du lit où doña Pradella allait se coucher ne m'avait tellement échauffé la tête que je n'en dormis pas de la nuit. J'avais seize ans, j'avais mon innocence. Je mourais d'envie de partager ce lit; si j'avais osé, je l'aurais proposé à doña Pradella. On m'a dit depuis qu'elle était dans l'usage d'accepter ces sortes de propositions.

Deux jours après nous arrivâmes à Durango. Je trouvai là plus de cent aspirans, qui concouraient tous à quarante places d'élèves. L'on n'entendait dans cette ville que la langue des mathématiques, et quoique, tous tant que nous étions, nous eussions l'esprit fort peu géométrique, nous ne laissions pas d'en raisonner savamment. Je concourus comme les autres, et l'usage était d'attendre le résultat de tout l'examen pour apprendre ensuite à chacun quel était son sort.

Mon oncle, dont le projet était d'aller passer quelque temps chez ce don Crinitto, père des trois demoiselles dont je vous ai parlé, me fit quitter Durango, pour aller, disait-il, attendre mon sort chez don Crinitto. Je partis donc, après avoir pris congé du commandant de l'école, nommé don Garcias; je le remerciai des bontés qu'il m'avait marquées pendant mon petit séjour à Durango, et j'arrivai en peu de temps au château qu'habitaient don Crinitto et ses trois filles.

CHAPITRE II

Soupirs et bouquets pour Henriette. Pari perdu. Agréable nouvelle. Séjour à Avilas, et départ pour Durango.

Nous fûmes reçus par don Crinitto, non comme de vieilles connaissances, mais comme de vieux bons amis. Don Avilas, le fils de ma tante, exilé alors, pour les affaires du conseil de Castille, dans sa terre d'Avilas, vint nous voir chez don Crinitto. Il m'invita à aller passer quelque temps avec lui, et je ne me pressai pas de profiter de ses offres; j'avais oublié mon ancienne inimitié pour ses demoiselles : je rendais même des soins à la seconde, nommée doña Henriette. Je me levais tous les jours à six heures du matin, parce que j'étais sûr de trouver Henriette seule dans le salon, occupée à faire de la dentelle; je la regardais travailler; j'osais quelquefois lui baiser la main; je courais au jardin lui cueillir des roses : j'avais soin de les prendre toujours en boutons, pour les voir épanouir sur son sein; mon imagination me servait bien, je croyais être véritablement témoin des progrès que la chaleur de ce beau sein faisait faire à mes roses. Quelquefois Henriette me rendait mon bouquet après l'avoir porté : c'était alors que mon grand plaisir était de manger mes roses feuille à feuille, après les avoir bien fanées par mes baisers. Henriette n'était pas de celles qui comprennent le plaisir de manger un bouquet; d'ailleurs elle était bien plus âgée que moi, et tournait mon amour en plaisanterie; mais elle avait assez d'amour-propre pour être flattée des hommages même d'un enfant, et l'empire qu'elle avait sur cet enfant l'amusait au moins, s'il ne l'intéressait pas. Elle voulut s'en servir un jour d'une manière assez plaisante. J'avais la mauvaise habitude de dire à tout propos un certain mot espagnol, qui répond en français à celui de pardieu. Henriette, qui prenait plaisir quelquefois à me corriger de mes défauts, me promit de m'embrasser si j'étais douze heures sans le dire. Le marché commençait à six heures du matin. Je me fis violence toute la journée; le prix qu'on avait mis à mon attention m'enflammait au point que j'aimais mieux ne pas parler que de m'exposer à le perdre. Je fus assez heureux pour arriver sain et sauf jusqu'à six heures moins une minute du soir : alors, ma montre à la main, je vins à elle avec l'air du bonheur, et je m'écriai : « Pardieu, je vais donc avoir gagné! — Vous avez perdu », me dit Henriette, et, malgré toutes mes instances, elle fut inflexible. Cette petite aventure me fit une telle peine que depuis ce temps je n'ai jamais prononcé le mot qui me coûta ce baiser.

Je passai près de six semaines dans cette société, mon oncle pleurant toujours, et moi m'occupant sans cesse d'Henriette et de mes bouquets. Mon oncle prépara bientôt son départ, et me fit alors confidence de ma réception à l'école de Durango : il me l'avait cachée, parce que don Garcias, le commandant, la lui avait dite sous le secret; et mon oncle me donna l'agréable surprise de ne m'apprendre mes succès que par des boutons numérotés que l'on attacha à mon habit tandis que je dormais. Ces boutons étaient la distinction des élèves admis. Ma joie fut vive, je commençais à sentir très vivement. J'embrassai mille fois mon oncle, et bientôt je lui dis adieu. Il prit la route de Madrid, tandis que moi, fier de mes boutons et me croyant déjà un être nécessaire à l'État, je regardai l'amour comme une occupation indigne d'un héros; et, quittant ces belles demoiselles et leurs jardins, que j'avais dépouillés de roses, je m'en allai chez don Avilas, qui fut fort aise de m'avoir chez lui, et me combla de caresses.

Je regrettai peu Henriette; en lui rendant des soins, ce n'était pas elle que j'avais aimée, c'était le plaisir d'aimer une femme que j'avais cherché : dès que mon âme fut remplie par un autre objet, je cessai de penser à l'amour; il viendra un temps, mon cher lecteur, où vous me verrez tout quitter pour ne penser qu'à lui; mais n'anticipons point sur les événemens. Je fus peu de temps à Avilas, et j'y fus toujours entouré de monde; la famille de doña Avilas s'y était rassemblée, et cette société rendait le château vivant et gai. Don Angelo, frère de doña Avilas, avait aussi été membre du conseil de Castille, et une lettre de cachet l'avait relégué auprès de son beau-frère. Ce jeune homme, né avec de l'esprit et un fort bon cœur, avait fait dans sa jeunesse beaucoup d'étourderies; et, quoique âgé de près de trente ans, il paraissait ne pas avoir renoncé à en faire de nouvelles. Ces raisons m'attachèrent à lui, et nous nous liâmes d'une amitié assez étroite. Bientôt je fus forcé de quitter Avilas; une lettre de don Garcias me confirma ma réception, et m'enjoignit d'être à Durango pour le 14 d'août. Enchanté d'être assez important pour recevoir des ordres, je me hâtai d'obéir; mon paquet fut bientôt fait : don Avilas me donna de l'argent, don Angelo m'en prêta, et je partis pour Durango, avec le projet de m'y faire une excellente réputation. Je réfléchis pendant toute la route aux moyens que je devais prendre pour réussir, et, après m'être bien rappelé tous les conseils que l'on m'avait donnés, vous allez voir comment je les suivis.

CHAPITRE III

Début à Durango. Liaison avec Estevan. Perte irréparable.

En arrivant, je me trouvai dans une position très agréable pour un jeune homme qui entre au service. Mon premier chef, don Garcias, était prévenu en ma faveur, et m'accueillit avec toutes sortes de bontés. J'avais, outre don Garcias, trois autres commandans à qui mon oncle m'avait fortement recommandé; ce même oncle avait donné une année de pension à celui de nos chefs chargé de tenir notre argent : car, par un ordre du roi, les élèves n'avaient pas le maniement de leurs finances ; j'avais dans ma poche une dizaine de louis uniquement consacrés à mes plaisirs, et je pouvais mener la vie la plus heureuse en cultivant l'amitié que mes commandans m'offraient. Au lieu de suivre cet excellent parti, mon premier soin fut de me lier avec les élèves les plus étourdis et les plus tapageurs de la troupe; nous étions soixante : ainsi je n'eus pas de peine à me composer une société de cinq ou six des plus bruyans. Parmi ces jeunes gens il y en avait un que je distinguai dès lors, et qui n'a pas cessé depuis d'être mon ami; il s'appelait Estevan. Estevan avait vingt ans, beaucoup d'esprit, beaucoup de science, beaucoup d'aptitude aux mathématiques. Il était de la plus grande vivacité, mais aussi sensible qu'étourdi; brave comme son épée, mais mettant sa gloire à la tirer souvent. C'était enfin un de ces hommes aimables qui sont dangereux jusqu'à vingt-cinq ans, et qui après sont plus solides que les autres. Tel fut l'ami que je me choisis : nous ne fûmes pas longtemps sans nous lier intimement. Je voulais que son expérience me guidât dans les aventures que j'espérais avoir : car j'étais avide de tout ce qui pouvait me donner l'air d'un grand garçon.

La première qui m'arriva ne fut pas très flatteuse, comme vous allez en juger. Je me promenais avec un élève de ma société aussi jeune que moi; nous parlions de nos bonnes fortunes, et de mon côté la conversation tarissait, parce que je possédais encore ce que j'avais été si tenté d'offrir à doña Pradella. Dans le moment où mon camarade me faisait le récit d'une de ses victoires, nous vîmes paraître deux belles qui marchaient devant nous en riant. Nous les accostâmes : le cœur me battait en touchant le casaquin d'indienne de celle qui m'échut en partage; je ne savais trop que lui dire; je mourais d'envie cependant qu'elle m'entendît : je fus assez heureux pour qu'elle en prît la peine. « Il est trop tard, me dit cette belle, pour que nous puissions aller faire un tour dans un de ces bastions ; je suis obligée de vous quitter ; mais demain, à la même heure, trouvez-vous ici, et j'aurai le temps. » Quel bonheur! Je la remerciai mille fois; je précipitai mes baisers en proportion de l'heure qui la pressait et de la reconnaissance qui m'animait; et, après lui avoir fait répéter vingt fois qu'elle serait exacte, je baisai l'arbre sous lequel ce tendre rendez-vous était donné, et m'en retournai chez moi attendre le lendemain.

Jamais journée ne m'a paru si longue que ce lendemain; jamais nuit n'a été si appelée, si désirée, si invoquée, que le fut celle au commencement de laquelle nous devions revoir nos infantes. Enfin elle arrive, cette nuit; et mon camarade et moi, après nous être bien parfumés, nous volons au rendez-vous sur les ailes de l'Amour. Nos belles nous attendaient : jugez du plaisir que nous eûmes à les joindre ! Bientôt nous nous séparons ; je conduis la mienne dans une allée charmante où les fleurs semblaient naître pour nous inviter à les fouler : là, je me jette aux genoux de celle de qui dépend mon bonheur; ma langue bégaye pour la première fois la plus tendre déclaration. Hélas ! c'était la première fois que ma divinité en entendait, elle ne me répondit pas grand'chose, mais apparemment ayant peu de temps à elle, comme la veille... Je m'arrête ici, mon cher lecteur ; je ne puis m'empêcher de pleurer sur la perte que je viens de faire ; ma tendre amante n'eut pas l'air de rien regretter. Je rejoignis mon camarade avec l'air d'un héros vainqueur. En m'en retournant avec lui, un accès de franchise nous prit ; nous convînmes que nos deux amantes avaient été chéries par des cœurs tout neufs ; mais quelle fut notre douleur en apprenant le lendemain que nos divinités avaient été quelques jours auparavant fouettées et chassées de Bilbao ! Voilà quelle fut la première sortie de don Quichotte, et la première aventure que son courage mit à fin.

CHAPITRE IV

*Conquête de la belle Rose. Voyage à Avilas.
Mariage de mon oncle.*

JE me consolai aisément de mon malheur, et je me crus obligé de le réparer par une conquête plus difficile et plus digne de m'illustrer : ce fut la belle Rose que j'attaquai. Rose était une jeune marchande de modes fort jolie, et plus que coquette ; mais ses amans avaient tous été des élèves de renom ; elle choisissait toujours quelqu'un dont la réputation fût déjà faite, et je crus que la mienne le serait bientôt, si je parvenais à lui plaire. Je lui écrivis donc une lettre bien vive, bien touchante, et j'allai la lui remettre moi-même, sous prétexte d'acheter une cocarde. Rose prit ma lettre sans daigner sourire ni me regarder. Le lendemain je retourne acheter encore une cocarde ; mais la pudibonde Rose, tout en me la faisant, me dit à voix basse : « Monsieur, votre lettre m'offense. J'ai eu grand tort de la décacheter ; je veux le réparer en vous la rendant ; mais je ne puis vous la remettre ici, parce que ma mère me verrait : trouvez-vous ce soir dans telle rue, vous entrerez dans telle allée, et là je vous expliquerai pourquoi je ne veux plus vous voir. » Ces paroles furent accompagnées de cinq ou six coups d'œil qui auraient rassuré tout autre que moi ; mais, loin d'être enchanté du discours de Rose, je fus assez sot pour me désoler. Je me trouvai cependant au rendez-vous, la belle Rose m'attendait. J'entre dans cette allée ; aussitôt Rose ferme la porte sur moi, et je me trouve alors non dans une allée, mais dans un bûcher fort étroit et fort obscur. La charmante Rose me dit en m'embrassant qu'une de ses amies, servante chez la maîtresse du bûcher, lui avait prêté la clef ; que nous étions en sûreté, et qu'ainsi je pouvais répandre dans son cœur tous les secrets du mien. Moi, en homme consommé dans ces sortes d'aventures, je profitais de l'obscurité du bûcher pour arracher à la pudique Rose des faveurs qu'elle n'eût jamais accordées dans un lieu plus éclairé. Nous étions cependant embarrassés, le bûcher était petit, et l'on ne pouvait s'asseoir nulle part : j'en fis mes plaintes à mon amante ; mais la prévoyante fille avait pourvu à tout. Elle avait fait apporter un panier sur lequel je m'assis ; et, comme il n'y avait pas deux places, il fallut bien que Rose s'assît sur mes genoux. Dans cette charmante attitude, nous commençâmes une conversation si vive et si tendre que le fond du panier cassa, et nous roulâmes tous trois. La bonne amie qui avait prêté la clef du bûcher entendit du bruit et vint à tâtons voir ce que c'était; elle tomba sur nous, et ne fit que redoubler l'embarras. Enfin je m'en tirai; je mis à la porte la charitable amie, je raccommodai tant bien que mal le panier pour le lendemain, et quittai ma belle Rose, en lui promettant de revenir tous les jours lui redire les mêmes choses.

Cette intrigue dura quelque temps; Rose m'aimait, et nos rendez-vous se multipliaient avec les jours. Je fus étonné, au bout de six semaines, de ne plus y aller avec le même plaisir; Rose ne me paraissait plus jolie; j'étais fort aise lorsque quelque accident me faisait manquer mon rendez-vous. Je proposai à Rose de la résigner à un de mes amis : elle pleura, et puis ses larmes tarirent, et trois jours me suffirent pour lui persuader la résignation. Je la proposai à Estevan, qui n'en voulut point. Un autre fut moins difficile, et me promit de prendre ma place : je le menai donc au bûcher, je l'installai dans la charge que je quittais, et je lui recommandai d'être fidèle à Rose. Après mon exhortation, je les laissai; et depuis ce temps je n'ai plus fait de visite à ce bûcher que j'avais tant aimé. L'ennui me gagna bientôt; je résolus d'aller me dissiper quelque temps chez don Avilas, qui était toujours en exil; je partis pour sa terre, et j'y retrouvai à peu près la même société que j'y avais laissée. Pendant les trois semaines que j'y passai, il ne m'arriva rien de remarquable, et je pris la route de Durango, aussi content d'y retourner que j'avais été aise d'en sortir.

Pendant mes amours et mes voyages, mon oncle voyageait aussi et faisait aussi l'amour; il se divertissait seulement de plus à se remarier. Je ne vous ai point parlé de lui depuis l'instant où nous nous séparâmes chez don Crinitto : il avait fait peu de séjour à Madrid, et était allé passer l'hiver à Fernixo, auprès de Lope de Vega et de doña Nisa, qui l'y avaient invité. A peine arrivé, il devint fort épris d'une Minorquoise qui était chez Lope de Vega; cette étrangère, mariée à un habitant de Minorque qui avait pensé la jeter cinq ou six fois par la fenêtre, était parvenue à faire casser son mariage en profitant des lois de sa petite île. Cette veuve d'un mari vivant était assez bien de figure, et y joignait même de l'esprit, si l'on peut nommer ainsi une imagination grimacière et l'art de saisir des minuties. Cette femme aperçut le faible de mon oncle; et, comme elle n'avait rien et qu'elle désirait quelque chose, elle parvint à se faire épouser par lui. La différence des religions, le premier mari encore vivant, apportèrent des obstacles à ce mariage; mais l'argent de mon oncle les leva tous. Ce qu'il ne put empêcher, et ce qui nous fâcha le plus, ce furent les mauvais propos que ce second hymen fit tenir. La douleur qu'avait d'abord fait paraître mon oncle, et les ridicules de sa femme, furent des armes terribles qu'il mit dans les mains de ceux qui ne l'aimaient pas. J'étais de retour à Durango lorsqu'il m'écrivit cette nouvelle : j'y fis peu d'attention; j'étais trop occupé dans cet instant pour me donner la peine d'examiner si ce mariage m'était utile ou désavantageux.

CHAPITRE V

*Grand souper. Bal, et choix de Joséphine.
Goût pour le saumon frais.*

Je craignais trop l'ennui pour ne pas chercher avec soin tout ce qui pourrait m'en préserver. L'étude des mathématiques m'occupa quelque temps; mais je m'aperçus bientôt que les problèmes et les corollaires ne remplissaient point mon cœur, et qu'il lui fallait quelque chose de plus. Je crains fort, mon cher lecteur, que le détail de ma vie ne produise sur vous le même effet que les théorèmes produisaient sur moi; ils m'endormaient un peu, parce qu'ils se ressemblaient beaucoup : tous mes récits se ressemblent autant; vous me voyez toujours amoureux : c'est bien monotone. Mon cher lecteur, je vous en demande pardon; mais je me suis fait une loi de dire la vérité, et je ne veux oublier aucune aventure.

J'abandonnai donc mes problèmes pour m'occuper plus gaiement; et, comme je pouvais choisir parmi plusieurs beautés qui embellissaient notre ville, je résolus, avec Estevan, de leur donner une fête où je pourrais jeter le mouchoir à celle qui me plairait le plus. Estevan était le premier homme du monde pour les fêtes de cette espèce. Il alla chez une marchande de poisson de ses amies, et sa première négociation fut pour obtenir que l'on nous fît crédit. Une fois cet important article passé, il commanda un beau souper, un bal, et fit distribuer les billets d'invitation. Nous nous mîmes à table à cinq heures du soir, pour pouvoir souper sans nous presser. Estevan avait rassemblé une demi-douzaine de belles; nous étions à peu près autant d'élèves, et, comme j'étais l'amphitryon, Estevan avait soin de me faire rendre les honneurs. Après le souper, le bal commença, et dura toute la nuit : car, malgré une visite qu'un de nos commandans faisait tous les soirs dans nos chambres pour voir si nous étions couchés, nous avions trouvé le moyen de lui faire croire que nous dormions. De gros portemanteaux mis entre nos draps, affublés d'un bonnet de coton et d'un beau ruban autour, tenaient notre place dans nos lits; et, pour compléter l'illusion et donner en même temps une plus grande opinion de notre goût pour l'étude, nous avions grand soin de placer auprès du lit une petite table, avec une chandelle allumée et le *Cours de mathématiques* ouvert à une proposition difficile. Le commandant, édifié, faisait éteindre la lumière, fermait le rideau, et disait, en voyant dormir le studieux portemanteau, que ce n'était pas la peine de l'éveiller.

Tandis que notre chef vigilant nous croyait assoupis par la vapeur des calculs algébriques, nous dansions de tout notre cœur avec nos charmantes convives. Une d'elles, nommée Joséphine, me plut par sa vivacité, et accepta avec joie toutes les offres que je lui fis : ces nouvelles amours durèrent près de huit jours; au bout de ce temps Joséphine m'ennuya, et je l'abandonnai. J'avais fort peu d'argent; c'était un obstacle à tous mes projets d'amusemens. Le souper que j'avais donné m'avait inspiré beaucoup de goût pour tenir maison; toutes les fois que j'allais manger à l'auberge, je me lamentais avec Estevan du malheur de n'avoir pas une table à nous où nous pussions inviter nos amis et nos amies : manger toujours entre hommes nous paraissait trop ennuyeux; mais il fallait de l'argent pour manger avec des femmes, et nous n'en avions point. Nous conclûmes qu'il fallait faire comme si nous en avions, et voici le parti que nous prîmes : la marchande de poisson qui nous avait donné à souper était jeune et jolie; son mari courait le pays et n'était point avec elle; une sœur, fille encore, et assez bien de figure, demeurait dans sa maison et l'aidait à faire son commerce. Estevan et moi nous nous attachâmes, lui à la sœur, moi à la maîtresse; nous fûmes aimés en peu de temps... Alors tout le poisson nous appartint, et, au lieu de le faire vendre, nous aimions bien mieux le manger avec nos amis. Tous les soirs nous commandions un souper de cinq ou six couverts, et, lorsque nous rencontrions de nos camarades, nous leur offrions du saumon frais avec cet air d'aisance de grands seigneurs dont la table est toujours ouverte. Nos belles, aussi généreuses que tendres, ne trouvaient jamais qu'il y eût trop de convives; le plaisir et l'amour présidaient à nos soupers : on y chantait, on y riait; et Estevan et moi nous faisions les honneurs du saumon frais avec toutes les grâces possibles. Cette agréable vie dura près d'un mois; mais, au bout de ce temps, le maudit mari revint de ses courses, et resta quelque temps à Durango; dès ce moment, adieu le plaisir; il fallut retourner à l'auberge, et nos tendres amantes furent aussi fâchées que nous du triste séjour que faisait le mari auprès d'elles.

CHAPITRE VI

Claire.

Estevan et moi nous attendions impatiemment que le cruel époux qui avait dérangé nos soupers recommençât ses voyages, et tout en attendant nous cherchions à charmer notre ennui en courant les petits bals qui se donnaient dans la ville. En Biscaye, le peuple aime beaucoup la danse, et l'on se rassemble les dimanches et les fêtes dans une salle illuminée de trois ou quatre chandelles : là, une vieille femme, armée d'un violon dont l'archet n'a plus que quelques crins et point de colophane, écorche une contredanse sur trois cordes, qui crient toujours toutes à la fois; chaque danseur donne un sou pour lui et pour sa danseuse, et des bancs de bois rangés tout autour de la salle servent de sièges à ceux qui se reposent par fatigue ou par économie; la cheminée, aussi large que haute, est l'asile des enfans de la joueuse de violon, qui interrompt de temps en temps ses triples accords pour les empêcher, à coups d'archet, de faire trop de tapage. Ce fut dans une de ces salles qu'Estevan et moi nous entrâmes certain dimanche, et que, tout en regardant danser les gentilles citoyennes de Durango, j'en découvris une grande, bien faite, et qui me parut charmante. Ce n'était pas la beauté de sa figure qui me plaisait, car elle était à peine jolie ; mais, je ne savais pourquoi, toute sa personne m'enchantait : elle était assise sur le bout du banc ; c'était la fille de la joueuse de violon. Je m'approchai d'elle, et mon cœur battait ; j'étais surpris de ne plus sentir cette hardiesse que mes aventures, mes soupers et mes victoires m'avaient donnée ; je tremblais presque en regardant Claire (c'était son nom), et je ne savais comment lui parler. Estevan, qui vit mon embarras et qui ne tremblait point du tout, entama la conversation ; mais Claire la termina tout de suite par une réponse laconique ; à peine daignat-elle nous regarder, et l'air de fierté que je lui trouvai redoubla l'amour qui m'enflammait déjà. Pendant tout le temps que dura le bal, je pus à peine dire deux mots à Claire, qui avait soin de répondre fort haut à toutes les questions que je lui faisais tout bas. Le bal fini, il fallut s'en aller, et je me retirai chez moi véritablement amoureux.

Claire avait une sœur nommée Victoire, qui était plus jolie, mais moins aimable qu'elle. Je persuadai à Estevan qu'il était amoureux de Victoire ; Estevan le crut dès que je l'eus prié de le croire : nous voilà tous les deux épris des deux sœurs, mais d'une manière différente; j'adorais Claire, au lieu qu'Estevan n'aimait Victoire que par amitié pour moi.

Je ne veux pas vous ennuyer en vous détaillant tous les billets, toutes les lettres que j'écrivis à ma chère Claire, et qu'elle me renvoya toujours sans les avoir ouverts. Je me trouvais partout où elle allait; je la suivais à l'église, dans ses promenades; j'étais toujours sur ses pas : peine inutile! Claire faisait à peine semblant de me voir. Deux mois se passèrent sans pouvoir lui dire un mot, et tant de vertu ne faisait qu'accroître mon amour. A force de suivre Claire, je connus bientôt ses sociétés, et je fis tout au monde pour y avoir entrée. La maison d'un menuisier, parent de Claire, était une de celles où elle allait le plus souvent; j'y venais chaque jour faire faire une équerre ou une règle, et mes politesses gagnèrent le cœur de la femme du menuisier : je lui demandai la permission de lui faire quelquefois ma cour; cette permission ne me fut point refusée. Ce fut dans ces visites que j'eus enfin le bonheur d'entretenir ma Claire, et que je vins à bout de la convaincre de mes sentimens : quand on se croit aimé, on est tout prêt à rendre amour pour amour, si déjà on ne l'a rendu. Claire daigna me donner de l'espoir : quelques présens me gagnèrent son cœur, et bientôt je me crus aussi aimé d'elle que je l'aimais moi-même. Je ne la voyais pas plus souvent : j'étais obligé de prendre l'heure de mon dîner pour passer avec elle quelques instans ; c'était ordinairement depuis une heure jusqu'à deux qu'elle m'introduisait dans une salle basse où elle travaillait avec sa sœur. Estevan ne venait point avec moi : il aimait mieux dîner que faire l'amour ; moi, je portais du café à Claire ; nous le faisions, nous le prenions ensemble. Rien ne me semblait comparable à ces doux momens ; et, comme l'heure à laquelle je la quittais était consacrée à une leçon de dessin, je faisais toujours servir mes crayons à me retracer celle que je venais de voir. Chaque jour me retrouvait d'autant plus amoureux que ma pudique amante avait grand soin d'éloigner tout ce qui, selon elle, ne tendait qu'à déshonorer l'amour : excepté quelques doux baisers qu'elle me permettait, tout le reste m'était défendu, encore avait-elle soin de régler le nombre de ces baisers ; et moi, qui étais aussi soumis que tendre, je me gardais bien de lui désobéir ; je tâchais seulement de la faire tromper dans ses calculs.

Cependant un jour j'arrivai de meilleure heure qu'à l'ordinaire : sa sœur Victoire n'était point avec elle, Claire était seule. Je fus si surpris de mon bonheur que la regarder et voler dans ses bras ne fut l'affaire que d'une seconde. Je la pressais contre mon cœur, mes yeux dévoraient ses charmes, mes lèvres étaient collées aux siennes; je ne parlais pas, mais que de baisers lui expliquaient mes pensées! Ce langage si tendre, si supérieur à tous les autres, Claire l'entendit; elle me demandait grâce avec cet air qui ne l'obtient jamais : je la lui promis cependant; je la mis sur mes genoux, je la regardais, ma main gauche la soutenait, et ma droite serrait la sienne; nous nous faisions des protestations d'une éternelle constance; je lui jurai de réprimer mes désirs, je lui tins parole; mais, en lui promettant de ne pas prétendre aux plaisirs qu'elle me devait peut-être, je ne voulus pas... Claire trouvait mes raisonnemens bons, et j'étais toujours à ses ordres pour raisonner, lorsqu'une aventure tragique vint me séparer quelque temps de ma tendre Claire.

CHAPITRE VII

Querelles, batailles, prison.

Je ne songeais qu'au bonheur d'aimer ma Claire et d'en être aimé : le temps que je passais sans la voir était employé à penser à elle; je vivais peu avec mes camarades; le seul Estevan était dépositaire de mes secrets amoureux, et je le menais avec moi chez mon amante le plus souvent que je pouvais. Un soir qu'il y était venu, Claire se plaignit de ce que des élèves, en la voyant passer, avaient ricané et l'avaient appelée par mon nom. La fureur s'empara de moi, et Estevan me promit de m'aider dans ma vengeance. Nous courons donc trouver les deux ricaneurs : celui qu'Estevan attaqua s'appelait Enrique, et ne se fit point tirer l'oreille : il alla se battre avec Estevan, qui lui donna trois coups d'épée. Je fus moins heureux ; celui que je provoquai s'appelait Carlos, et soutint des propos assez vifs sans s'en offenser. Comme je les redoublais, je fus entendu d'un de ses amis, qui, piqué du sang-froid de Carlos, vint prendre sa place et accepta le cartel avec joie. C'était la première fois que je me servais de mon épée ; mon ennemi avait l'avantage de l'expérience et de la taille : il profita de la précipitation avec laquelle je m'élançai sur lui, et, en me présentant seulement sa pointe, il me perça le bras, ou plutôt je m'enferrai moi-même. Je fus médiocrement fâché d'être blessé : j'aurais mieux aimé être le vainqueur ; mais, sans aucun doute, j'aimais mieux ma blessure que de ne point avoir eu d'affaire à mon âge. Quel bonheur ! je me croyais un personnage : avant dix-sept ans j'étais assez heureux pour posséder une maîtresse, un coup d'épée et un ami. J'allai me faire panser chez la belle Claire, et j'attendis à peine que je fusse guéri pour me faire une seconde affaire. J'étais jaloux de ce qu'Estevan avait partagé ma vengeance; les blessures qu'il avait faites à Enrique me paraissaient un vol fait à mon courage. Je fis confidence de cette idée à Enrique, qui m'offrit de me satisfaire, et nous nous portâmes sur le pré : nous étions animés l'un contre l'autre depuis longtemps ; cette Joséphine que j'avais aimée pendant huit jours avait été adorée de lui. Enrique fut aussi enchanté que moi de l'occasion qui se présentait : nous nous battîmes donc avec colère, et je lui portai un coup d'épée avec si peu de ménagement que ma lame, rencontrant sa coquille, se brisa en mille morceaux. Comme j'allais chercher une autre épée, on vint nous séparer. Nous nous promîmes, par un serrement de main réciproque, de nous rejoindre, et je courus chez Claire lui conter tous mes combats.

Claire descendait vraisemblablement de quelque illustre amazone, car mes duels lui faisaient toujours plaisir; et elle me parut si guerrière que je crus ne pouvoir lui faire un don plus cher que celui de cette épée que j'avais brisée en combattant pour elle. Claire en reçut les morceaux avec une reconnaissance qui m'enflamma encore davantage; mais, hélas! on ne me laissa pas le temps de lui répéter combien son héroïsme me plaisait. Don Garcias, le commandant de l'école, avait appris nos querelles et nous fit conduire, le brave Estevan et moi, dans une prison où nous n'avions qu'une planche pour dormir et de la soupe et du pain pour dîner. Ah! il fallait entendre Estevan se lamenter de ce que nous avions négligé nos marchandes de poisson! « Si nous eussions été constans, disait-il, nous ne serions pas ici, ou, si nous y étions, le saumon frais y viendrait; au lieu que ta Claire te nourrit avec des lettres, et moi, je crève de faim et d'ennui. » Je consolais Estevan, et je désirais autant que lui que le jour de notre délivrance arrivât.

CHAPITRE VIII

Fin de la captivité. Nouvelle inconstance impardonnable. Nouvelles querelles, nouvelle prison. Départ de Durango.

Au bout d'un mois, don Garcias nous crut assez punis et nous envoya chercher. J'écoutai avec distraction la morale qu'il me débita; je grillais de sortir de chez lui pour voler chez Claire. Jugez de mes transports en la revoyant! Je ne fus pas content de la joie qu'elle fit paraître, je ne la trouvai pas assez vive; il me semblait qu'un amant qui sortait de prison devait faire tourner la tête de l'amante qui le revoyait. Je dissimulai cependant mon mécontentement; mais mon amour en fut refroidi, et une vanité mal entendue lui porta le coup mortel. Un de mes amis vint me confier qu'il avait entendu parler de moi à une demoiselle, de celles que l'on appelle dans les garnisons demoiselles comme il faut, et qui sont presque toujours comme il ne faut point. Cette demoiselle avait amèrement déploré l'aveuglement qui m'attachait à Claire; elle avait dit que j'étais fait pour prétendre à mieux, et mon ami me le répéta d'un air à me donner beaucoup d'amour-propre. Je voulus voir cette demoiselle, je la trouvai assez bien : je lui parlai; elle me répondit d'une manière peu équivoque; mon amour tenait pourtant encore. Malheureusement Claire eut une petite fluxion sur les yeux, et la fluxion acheva de me détacher d'elle. Vous vous indignez contre moi, mon cher lecteur : vous avez raison, hélas! je rougis en vous racontant mon inconstance : ce qui me fâche le plus, c'est que j'aurai à rougir plus d'une fois.

Claire fit quelques démarches pour regagner un cœur que je ne lui ôtais qu'avec des remords, mais la vanité l'emporta sur ces remords; Claire avait beau m'écrire, Claire n'avait plus ses beaux yeux, et je ne répondais point à ses lettres : je me croyais disculpé en disant à Estevan que la Providence était juste, puisqu'elle faisait faire autant de pas à mon amante abandonnée que j'en avais fait dans le temps où j'étais méprisé. « C'est pour que tout soit égal », m'écriais-je; et j'évitais de rencontrer Claire.

Cette même Providence, dont j'admirais l'équité, ne me laissa pas jouir longtemps de ma perfidie : à peine y avait-il huit jours que je suivais ma demoiselle comme il faut, lorsque l'on persuada à ce Carlos, que j'avais provoqué en vain, de se laver des soupçons que son silence avait fait concevoir; et Carlos, craignant le déshonneur, vint me rappeler mes vivacités et m'en demander raison. J'allai au rendez-vous avec cet air d'assurance d'un homme coutumier du fait; je comptais réparer l'honneur de Carlos par une blessure légère; mais à peine je fus en garde que Carlos tomba sur moi comme un lion : en vain je crus l'arrêter en tirant à sa figure, qu'il avait fort jolie; rien n'intimida mon brave adversaire, qui me fit une blessure en moins de deux minutes de combat. Cet échec me fut d'autant plus douloureux, que c'était en présence d'Estevan et de plusieurs témoins. Estevan voulait prendre ma place et me venger : on contint son courage et son amitié, et l'on me reconduisit chez moi.

De là je fus transporté à l'hôpital des élèves, et de l'hôpital en prison, où don Garcias me tint six semaines : c'est quelquefois la demeure des héros, ainsi je m'en consolai ; mais don Garcias avait pris la chose au grave ; il me regardait comme un tapageur, et il obtint un congé pour me faire aller chez mes parens mûrir ma tête. Je restai en prison jusqu'à l'arrivée du congé, et, quand je sortis de captivité, don Garcias me donna un cheval, me prêta deux piastres, ce qui revient à peu près à douze livres de notre monnaie, et m'ordonna de partir. J'embrassai mon cher Estevan, je montai à cheval et pris la route d'Avilas, dont je n'étais éloigné que de vingt lieues.

CHAPITRE IX

Voyage économique. Fête à Rovillo. Ce qui s'ensuivit. Départ pour Madrid.

Des douze francs que don Garcias avait bien voulu m'avancer, j'avais été obligé de payer pour neuf francs de dettes criardes, et il ne me restait plus qu'un petit écu pour faire vingt lieues, payer mon cheval de louage, le nourrir, nourrir un homme qui me suivait pour ramener mon cheval, et dîner moi-même en chemin.

Pour comble de malheur, ce cheval ne devair me conduire que jusqu'à Oviedo, où je devais en louer un autre, toujours avec mon petit écu. Je réfléchissais tristement aux moyens de remplir tant de devoirs avec trois livres, et je ne trouvai d'autre expédient que de faire les vingt lieues sur le même cheval, sans le faire manger, et sans manger moi-même. Mon guide, à qui je confiai mon projet, le désapprouva beaucoup; mais il était à pied, et moi à cheval. Je lui dis de se rendre à son aise à Avilas, où je le payerais et lui rendrais sa monture; et, sans m'informer si la chose lui convenait ou non, je piquai des deux, et, à force de coups d'éperon, j'arrivai à Avilas sans avoir débridé et sans avoir touché à mon petit écu. Je trouvai le château désert; don Avilas et tout son monde étaient allés souper à l'abbaye de Santo-Pedro, à un quart de lieue d'Avilas. Je mis mon cheval à l'écurie, ou, pour mieux dire, sur la litière, et, prenant mes jambes à mon cou, je gagnai l'abbaye le plus vite que je pus, comptant bien satisfaire la faim qui me pressait depuis le matin. Je fus reçu à merveille par l'abbé Taschero et don Avilas. Je me mis à table avec grand plaisir, je mangeai comme un ogre, et l'on me ramena le soir à Avilas, où arriva le lendemain mon guide, à qui je payai, avec l'argent que don Avilas me prêta, sa course et celle du cheval, qui était fourbu.

Don Angelo, dont je vous ai déjà parlé, était encore exilé à Avilas, et dans l'instant où j'y arrivai il était fort occupé d'une fête qui devait se donner dans un château voisin ; voici à quelle occasion. La marquise de Careva, femme de qualité, et dont le mari était notre ambassadeur en Hesse, était venue passer l'été dans sa terre de Rovillo, située à une petite lieue d'Avilas. Elle avait amené avec elle son fils âgé de dix ou douze ans, et cet enfant, ou plutôt son précepteur, conçut le projet de donner une fête à sa mère le jour de l'Assomption. Don Angelo, qui allait souvent à Rovillo, fut dans le secret et se mit à la tête de tous les arrangemens. J'arrivai sur ces entrefaites. Je connaissais depuis mon enfance la marquise de Careva ; je fus enchanté d'être le lieutenant de don Angelo pour tous les préparatifs de la fête. Ils se firent sans que celle pour qui nous travaillions s'en doutât ; l'on eut soin de la faire aller dîner à Avilas le jour de la fête, et le soir, à son retour, son carrosse s'arrêta devant la porte d'une grange : elle y entra, et trouva un fort joli petit théâtre : une musique complète la reçut ; la toile se leva, et nous jouâmes deux comédies, dont l'une était faite pour elle. La marquise, transportée, vint embrasser tous les acteurs et actrices. Elle voulut retourner à son appartement, elle le trouva transformé en un café; tous les gentilshommes du canton s'étaient rassemblés au château; le café était rempli de petites tables de quatre couverts chacune; chaque table était sous un berceau de verdure parfaitement illuminé; un garçon de café, vêtu de blanc et orné de rubans roses, était à la porte de chaque berceau pour servir les quatre convives; des guirlandes de fleurs unissaient les différens berceaux, et étaient si artistement rangées qu'elles formaient partout le chiffre de la marquise de Careva. Pendant le souper une musique charmante ajoutait à l'illusion, et la marquise, transportée, se croyait à peine la maîtresse du café. Après souper, feu d'artifice, et, après les fusées, des proverbes. Le bal nous conduisit au jour. Tant que le soleil demeura sur l'horizon, tous les habitans de Rovillo dormirent : le soir on se réveilla pour recommencer, et, pendant trois nuits que la fête dura, le désordre le plus agréable et la joie la plus vive régnèrent dans le château. Pour préparer cette fête, j'avais fait plusieurs séjours au château de Rovillo; rien ne lie comme la comédie : il faut être toujours ensemble; les répétitions générales, particulières, le secret que l'on veut y mettre, tout cela rapproche infiniment, et, tout en répétant un rôle de valet, j'étais devenu amoureux d'une petite demoiselle qui jouait les amoureuses, et les jouait presque aussi froidement que monsieur l'amoureux, et c'est beaucoup dire. Cette jeune personne s'appelait doña Rincôra : elle était jolie comme un ange, bien faite, blanche comme un lis, douce, timide, mais elle avait peu d'esprit ; et je suis certain que pendant trois semaines à peu près que dura ma passion pour elle, malgré mes assiduités, malgré mon affectation à être toujours auprès d'elle, malgré mon attention à lui adresser des choses agréables, malgré même cinq ou six demi-déclarations, je suis convaincu qu'elle ne se douta seulement pas que je l'avais distinguée. Cette froideur m'irritait, loin de me décourager, et le dépit me soutenait presque autant que l'amour.

Après la fête, je revins à Avilas avec une dame qui avait joué la comédie avec moi, et qui, par la suite, tiendra une grande place dans ces Mémoires. C'était doña Menilla. Doña Menilla était née fille de qualité des Asturies ; elle avait eu une grande passion longtemps traversée par son père et par sa famille ; sa constance avait surmonté tous les obstacles, et à la fin elle avait épousé don Menillo, qu'elle aimait depuis tant d'années. Leur union était aussi heureuse qu'elle avait été difficile à former. Ils étaient chéris et estimés de toute la province : mon oncle avait été assez heureux pour être un des premiers à les accueillir ; ils étaient allés plusieurs fois à Avilas pendant que j'étais page, et les malheurs et la constance de doña Menilla me l'avaient fait connaître avant de l'avoir vue. Je fis une connaissance réelle avec elle chez la marquise de Careva ; elle contribua plus qu'une autre aux charmes de la fête par son esprit et par ses talens. Doña Menilla est une des meilleures musiciennes d'Espagne ; la harpe et le piano enchanteraient sous ses doigts, si les agrémens de son chant ne l'emportaient encore sur ces harmonieux instrumens. Ses talens, dont elle est peu fière, ne sont rien auprès du charme de son esprit ; son imagination, naturellement vive, est tempérée par un fond de tendresse que ses malheurs ont augmenté ; née pour aimer, et ayant rempli sa destinée, elle a plus de sensations que les autres femmes ; et l'atmosphère qui l'entoure est d'un air plus doux que celui que l'on respire ailleurs. Son époux, le plus loyal des hommes, mérite tout ce qu'elle a fait pour lui, par une franchise, une candeur et une égalité inaltérables. On connaissait à Avilas le prix de deux hôtes si aimables ; et c'étaient eux que mon oncle avait le plus regrettés en quittant les Asturies. Je restai peu de temps avec eux, parce que cet oncle m'écrivit de me rendre à Madrid, où je trouverais de nouveaux ordres de lui pour aller le joindre. J'obéis, je pris congé avec peine des habitans d'Avilas, et je partis pour Madrid en emportant un petit souvenir tendre de doña Rincôra.

CHAPITRE X

Séjour à Madrid. Aventure du Colisée. Départ et arrivée à Fernixo.

En allant à Madrid, je m'arrêtai un jour chez Britinño, avocat général du conseil de Castille, et exilé dans sa terre, comme tous les autres membres de ce conseil; don Angelo m'y avait conduit, et je l'y laissai un peu épris des charmes de madame l'avocate générale. Je continuai ma route vers Madrid par une voiture publique, et mon premier soin fut, en arrivant dans cette grande ville, d'aller voir l'abbé Marianno, qui était toujours dans le nouveau conseil que le roi avait substitué à celui qu'il avait exilé. L'abbé Marianno me reçut à merveille, me remit de l'argent que mon oncle lui avait envoyé pour moi, et je n'eus pas plutôt cet argent que je brûlai de ne l'avoir plus; cela ne fut pas long : le spectacle et mille autres occasions de dépense qui s'offrent à Madrid à chaque pas consumèrent bientôt le peu de piastres que mon oncle m'avait fait donner. Il ne m'arriva rien d'intéressant pendant le séjour que je fis dans la capitale, excepté une petite histoire qui ne fut pas très glorieuse pour moi. J'étais au Colisée avec mon uniforme d'artillerie. J'aperçus une fille bien mise et très jolie : j'allai l'accoster ; j'eus de la peine à lier la conversation, parce que mon habit bleu ne lui donnait pas grande idée de mon opulence ; enfin je parvins cependant à causer avec elle, et je fus joint dans le moment par un des amis que je m'étais faits dans les Asturies. Cet ami vit bientôt quels étaient mes projets, et, pour les seconder autant qu'il pouvait, il me demanda de l'air du monde le plus simple si j'avais mon carrosse ; je répondis aussi simplement que j'étais à pied parce que j'avais un cheval boiteux. La belle dame écoutait et ne disait rien ; mon ami et moi lui offrîmes de la ramener en fiacre, et ce ne fut pas sans avoir beaucoup juré contre le malheur d'avoir un cheval boiteux. Notre belle avait l'air de nous croire ; elle consentit à être reconduite : nous sortons, et je ne me possédais pas de joie ; je cours chercher un fiacre, il n'y en avait plus ; quel malheur ! Je la décide à aller à pied ; elle s'y résout, et me voilà dans l'allée du Colisée, serrant de toutes mes forces le bras de ma belle, la conjurant d'aller plus vite, et regardant à peine mon ami, qui courait presque pour nous suivre. Tout à coup la belle s'arrête, et me dit : « Je suis perdue ! voilà mon amant qui vient à nous ; il est jaloux, et, s'il nous voit, rien ne me dérobera à ses fureurs. — Rien, beauté divine? Ah! pensez mieux de mon courage.

> Avant d'aller au cœur que son bras veut percer,
> Voilà par quel chemin ses coups doivent passer. »

En disant ces vers, j'avais une main sur la garde de mon épée; mais elle reprit avec vivacité : « Écoutez, un combat ne servirait de rien; allez-vous-en; je m'appelle Mlle Clarisse, je loge rue d'Estramadure, au premier, chez un tapissier : demain, à deux heures, je vous attends; il y a un pied de biche à la sonnette. » Elle se dégage de mon bras en me disant ces mots; je cours après elle pour savoir s'il y avait plusieurs tapissiers. « Il n'y en a qu'un », me crie-t-elle, et je la perds de vue.

Je me gardai bien de dire à mon ami l'adresse de la belle Clarisse. Je retournai chez l'abbé Marianno, ivre de joie : pendant tout le souper je ne tenais point sur ma chaise, je riais tout seul de ma bonne fortune; je comptais à part moi toutes les heures qui me restaient jusqu'au lendemain; je me disais que ceci ne ressemblait point aux belles de Durango. Diable! quelle différence! Une beauté de Madrid, bien mise, bien parée! Cette aventure devait m'immortaliser : on avait beau me demander d'où venaient mes sourires, mes distractions et mes sauts sur ma chaise, je répondais avec un petit air mystérieux que ce n'était rien. Enfin j'allai me coucher, enfin je m'endormis, enfin six heures du matin sonnèrent, et je sautai à bas de mon lit pour me mettre à ma toilette.

Jamais mon perruquier n'a été tant grondé; j'avais pris trois miroirs pour me voir de partout : à huit heures j'étais coiffé, habillé, adonisé. Je prends un fiacre, et je dis prudemment : « Au coin de la rue d'Estramadure. » Le cocher fouette, et j'arrive. Je descends, je paye, et, tout en payant, mes yeux cherchaient le tapissier. Je parcours la rue, j'en découvre un, je monte sans hésiter, je vois une porte, je vois le pied de biche que la belle Clarisse m'avait indiqué; je tressaille, je sonne; une vieille femme vient m'ouvrir, et me demande qui je veux : « Mlle Clarisse », lui dis-je d'un air impatient; elle me ferme brusquement la porte au nez, en me disant une injure que je n'entendis pas trop bien. Confondu de l'accueil, je crois m'être trompé; je descends pour demander au tapissier chez qui j'avais frappé : c'était chez un vieux prêtre qui demeurait avec sa vieille gouvernante, et Mlle Clarisse était inconnue dans le quartier.

Un peu confus de mon aventure, j'allai déjeuner tout seul dans un café. J'y réfléchis sur le peu de certitude des biens de ce monde, et je revins tristement dîner chez l'abbé Marianno, où je fus moins gai et plus tranquille sur ma chaise que je ne l'avais été la veille.

Pendant mon séjour à Madrid j'avais eu l'honneur de revoir l'infant don Juan, qui m'avait fort bien accueilli; j'avais été faire visite à tous mes amis, à tous mes protecteurs; don Sibalto, le beau-père de don Avilas, m'avait comblé de caresses, et sa maison m'était ouverte à toute heure; toutes mes anciennes connaissances m'avaient revu avec plaisir, et j'avais profité de mon séjour à Madrid pour renouer les liens que l'absence affaiblit au moins, si elle ne les rompt pas.

Je reçus bientôt une lettre de mon oncle, qui m'ordonnait de partir de Madrid avec l'abbé Marianno, qui venait à Fernixo voir don Lope de Vega, son oncle. Je devais voyager dans un carrosse que mon oncle faisait faire, et qui devait suivre la chaise de poste de l'abbé Marianno; mais cet abbé, qui n'aimait pas mon oncle, voulut lui faire la petite niche de laisser sa voiture à Madrid : en conséquence, sous prétexte qu'elle n'était pas finie, il me dit de me préparer à courir devant sa voiture. La poste n'était pas une allure effrayante pour moi : j'achetai des bottes et un fouet, et je partis de Madrid, galopant devant la chaise de l'abbé Marianno, où il était avec un de ses amis nommé Soravo, et qui voulait aller voir don Lope sous les auspices de son neveu.

Au bout de deux jours de route, nous nous arrêtâmes à cinquante lieues de Madrid, chez don Bertiro, premier président du nouveau conseil de Castille : nous nous y reposâmes trois jours, après quoi nous nous remîmes en route ; et, après trois journées terribles, dans l'une desquelles je fus vingt-trois heures à cheval, après avoir passé de nuit les montagnes affreuses du royaume de Valence, toujours marchant au bord des précipices, et ne pouvant cependant pas vaincre le sommeil qui m'accablait, après quatre chutes qui ne me firent nul mal, j'arrivai à Fernixo, moulu, couvert de boue et accablé de fatigue et de besoin de dormir.

CHAPITRE XI

*Ce que c'était que ma tante seconde du nom.
Épisode de Podilletta.*

Il était onze heures du matin lorsque j'entrai au grand galop dans la cour du château de Fernixo ; j'avais laissé loin derrière moi l'abbé Marianno et son compagnon de voyage. Je reconnus à peine Fernixo, tant Lope de Vega l'avait embelli. La première personne que je rencontrai fut l'aumônier de don Lope. Je lui demandai des nouvelles de ce grand homme : cet aumônier ne me reconnut pas, et m'apprit que don Lope et doña Nisa étaient allés dîner chez un voisin. Alors je me fis conduire à l'appartement de mon oncle, qui était aussi sorti. Fâché de ne trouver personne, je demandai où logeait la nouvelle femme de mon oncle. On me mena à sa porte, à laquelle il n'y avait point de clef. Je frappe, j'entends une petite voix féminine qui crie : « Qui est là ? — Moi, repris-je. — Qui vous ? — Le neveu de mon oncle », répondis-je de la meilleure foi du monde. Sur-le-champ la porte s'ouvre, et une petite femme me saute au cou avec un transport de joie que je ne pouvais comprendre.

Ma tante, car c'était elle, m'accablait d'embrassemens, et me disait les choses les plus tendres. Moi, qui la voyais pour la première fois, qui étais excédé de fatigue, je ne répondais pas un mot à tous ses discours, et ma froideur commençait à piquer ma tante, lorsque mon oncle arriva. J'allai à lui, je l'embrassai ; et, comme sa femme fit quelques pas pour venir à nous, je m'aperçus qu'elle boitait ; alors j'ouvris la bouche, qui avait été fermée jusque-là, pour lui dire qu'elle avait une épine dans le pied. « Non, mon neveu, reprit-elle, ce n'est rien. — Pardonnez-moi, Madame, lui dis-je, car vous boitez beaucoup. — Mon neveu, c'est que je suis boiteuse. — Ah ! c'est différent. » Voilà mon premier compliment à ma nouvelle tante. Elle n'était pas mal de figure, elle n'était pas sans esprit, et don Lope avait assez d'amitié pour elle ; mais elle avait un fond d'aigreur et d'impatience dans le caractère qui la faisait souvent disputer ; elle était coquette avec tous les hommes, et méchante avec toutes les femmes ; grande caresseuse, les baisers et les larmes ne lui coûtaient rien ; et en moins d'une heure je m'aperçus à merveille que mon oncle était absolument subjugué par elle. Je la priai de vouloir bien me faire donner à dîner et un lit ; mais elle avait trop d'amitié pour moi pour m'accorder toutes mes demandes ; elle me fit manger un morceau, et voulut me conduire avec elle chez un Minorquois de ses amis qui leur donnait à souper. J'allai donc m'habiller malgré ma fatigue, et pendant ce temps arriva l'abbé Marianno, qui reçut assez froidement les politesses dont l'accablait ma tante. Enfin nous montâmes en carrosse, et nous partîmes pour la maison du Minorquois. Pendant le chemin ma tante me combla de caresses ; pendant le souper ce fut de même ; moi, je n'étais occupé qu'à m'empêcher de succomber au sommeil. Enfin nous revînmes à Fernixo, j'eus la permission de m'y livrer. Le lendemain je fis ma cour à don Lope et à doña Nisa, qui me reçurent à merveille. Doña Nisa eut une conversation avec moi pour m'assurer que ce n'était pas elle qui avait marié mon oncle. Elle me faisait trop d'honneur en croyant que je m'en occupais, je pensais à toute autre chose; et, pendant mon séjour à Fernixo, je ne songeai qu'à me distraire et à chercher de la dissipation.

Il y avait au château une petite enfant de huit ans que doña Nisa aimait avec passion; c'était la fille de cette doña Podilla, nièce du grand Calderon, que don Lope avait dotée et mariée. La jeune Podilletta n'était pas jolie, mais sa petite mine était pleine d'esprit : vive comme le salpêtre, elle impatientait souvent doña Nisa, qui lui montrait à jouer du clavecin; mais, au milieu de la plus grande colère, une saillie de Podilletta faisait éclater de rire doña Nisa. Cette petite fille était insupportable, mais charmante, et ses grâces égalaient ses défauts. Fort avancée pour son âge, elle entendait presque tout ce que l'on disait; elle n'était encore animée que par le feu de son esprit, mais l'on pouvait dire avec confiance que bientôt un autre feu viendrait s'y joindre, et, quoiqu'elle n'eût que huit ans, de temps en temps on en voyait poindre des étincelles.

Podilletta prit beaucoup d'amitié pour moi; elle était toujours à mes côtés, elle m'embrassait souvent, souvent ce n'était pas sur mes joues, et elle faisait semblant de s'être trompée. Dès que je sortais avec mon fusil pour aller tuer quelques becfigues dans les vignes, Podilletta me suivait, elle me tenait par la main, se cachait derrière moi à l'instant où je tirais, et courait ramasser l'oiseau tué, en sautant sur les échalas avec une agilité et une grâce charmantes. On se moquait de l'amour de Podilletta, et la moindre raillerie là-dessus la mettait en colère : cette enfant était singulière pour son âge. Une conversation qu'elle eut avec moi m'étonna plus que tout ce que nous avions vu.

Nous revenions de la chasse tous les deux; elle portait mon gibier, suivant sa coutume, et me donnait la main, lorsqu'un chien vint nous aboyer et lui fit peur : je pris une pierre et j'en frappai le chien. « Ah! prends garde, dit Podilletta, ce chien pourrait venir te mordre. » Podilletta n'avait pas coutume de me tutoyer; je fus un peu étonné de cette nouveauté, et, sans vouloir la lui faire apercevoir, je lui répondis : « Il n'y a rien à craindre, n'ayez pas peur... — Ah! ce n'était pas pour moi que j'avais peur; mais apparemment monsieur trouve mauvais que je l'aie tutoyé... — Moi? non, je vous assure; au contraire, vous m'avez fait plaisir... — Ah! si cela était, vous m'auriez dit : « Tu m'as fait plaisir... » — Ne soyez pas fâchée, Podilletta, si je ne vous tutoie pas : ce n'est permis qu'à des frères et sœurs, et à des maris et femmes... — C'est permis aussi à ceux qui s'aiment, et voilà pourquoi vous ne vous le croyez pas permis, parce que vous ne m'aimez pas... — Je vous aime de tout mon cœur, ma chère Podilletta... — Ah! vous m'aimez? comment m'aimez-vous? — Comme la sœur la plus gentille que l'on puisse aimer... — Monsieur, je ne veux point de cette amitié-là, et j'aime mieux n'être point aimée que de l'être comme cela... — Eh! comment voulez-vous donc que je vous aime, Podilletta?... — Comme un mari aime sa femme quand il y a deux jours qu'ils sont mariés... — Eh bien, je vous aimerai comme ma femme... — En ce cas, dis donc : « Je t'aime », et embrasse-moi en disant encore : « Je t'aime... » — Je t'aime de tout mon cœur, ma chère amie », et je l'embrassai. Podilletta fut enchantée; nous fîmes le reste du chemin toujours causant, toujours Podilletta cherchant les tournures de phrases par lesquelles elle pouvait me tutoyer davantage; et nous arrivâmes au château du meilleur accord du monde.

J'avais résolu de voir jusqu'où irait cette singulière enfant; de sorte qu'en entrant au salon je dis exprès que je venais de ma chambre. Sans nous être donné le mot, Podilletta dit qu'elle venait de jouer dans le jardin. Elle me proposa bientôt une partie de piquet, que j'acceptai. Podilletta jouait mal au piquet, je la gagnai; elle se fâcha, je la gagnais toujours. Elle prit de l'humeur et me jeta les cartes au nez. Alors je lui dis du plus grand sérieux, et de manière à être entendu de tout ce qui était dans le salon : « Ce que vous faites là n'est pas bien, Podilletta, après ce qui s'est passé il y a une demi-heure. » Tout le monde demande en riant ce qui s'est passé ; je ris moi-même, en affectant de regarder Podilletta, qui, rougissant jusqu'au bout des ongles, me lance un coup d'œil terrible. « Vous êtes un monstre, me dit-elle, et jamais je ne vous reverrai. » En disant ces paroles, elle tire sa chaise et sort du salon. C'est en vain que doña Nisa la rappelle; rien au monde ne peut arrêter sa course. Alors je contai à doña Nisa la plaisante histoire de la petite Podilletta. Doña Nisa en rit moins que ceux qui ne s'intéressaient pas autant qu'elle à Podilletta ; elle se leva pour aller voir ce qu'elle était devenue ; elle la trouva dans son lit, avec le pouls très agité et ne voulant voir personne. On la laissa. Le lendemain elle affecta de m'éviter, et depuis ce temps elle ne m'a jamais pardonné mon indiscrétion. Lorsque nous racontâmes tous ces détails à don Lope, il s'écria avec enthousiasme : « Ah ! que c'est respectable ! »

CHAPITRE XII

Nouvelles de Durango. Arrivée de mon père. Ennui, bals, amours, chasse. Vaisseau cassé dans la poitrine de ma tante.

CEPENDANT le temps s'écoulait ; nous étions au mois de novembre 1772 : je passais mon temps à chasser, à faire de la musique et à aller à une comédie qui n'était qu'à deux lieues de Fernixo. Le soir j'accompagnais avec ma mandoline la petite Podilletta, qui chantait en jouant du clavecin, et qui me conservait toujours sa rancune. J'étais fort bien avec mon oncle ; j'étais encore mieux avec ma tante, malgré les petites querelles que nous avions assez fréquemment. Il y avait plus de ma faute que de la sienne si nos brouilleries ne duraient pas ; mais c'est une vérité que je dois confesser, jamais je n'ai pu garder de fiel contre qui que ce soit plus de vingt-quatre heures ; le sommeil a toujours mis fin à mes inimitiés, et tous les matins j'allais déjeuner avec ma tante de la meilleure amitié du monde.

Un jour que nous revenions de la comédie, on me remit un paquet de lettres pour mon oncle et pour moi : j'eus bientôt trouvé les miennes, et j'en vis une adressée à mon oncle et timbrée de Durango. Je la lui remis avec quelque inquiétude : cette inquiétude était fondée ; c'était une épître de la marchande de poisson, qui faisait part à mon oncle du goût que j'avais eu pour le saumon frais, et lui envoyait le mémoire de tous ces soupers qu'Estevan et moi nous comptions bien avoir payés.

Ce mémoire se montait à cent écus ; Estevan en avait autant pour son compte ; ainsi six cents francs et les acomptes que nous avions donnés ont sûrement bien acquitté tout ce que nous devions à nos charmantes poissonnières. Mon oncle, qui n'a jamais aimé le saumon, trouva ce mémoire fort ridicule, et faisait semblant de ne vouloir pas le payer ; quand je vis cela, je fis semblant aussi d'être fort triste, fort repentant ; je fis encore semblant d'être de l'avis de ma tante sur deux ou trois points où personne n'était de son opinion ; je fis semblant encore de la trouver plus jolie qu'à l'ordinaire, et ma tante me fit payer mon mémoire de saumon.

Cette affaire-là finie, je croyais être tranquille ; mais une autre lettre de Durango vint me donner une alarme plus sérieuse : notre commandant me manda que le roi avait réformé l'école d'artillerie, et que nous étions tous dispersés et renvoyés à la suite des différens régimens de ce corps. Je m'en consolai plus aisément que mon oncle, parce que, s'il faut parler franchement, les mathématiques m'ennuyaient fort, et j'enviais intérieurement le bonheur des officiers des autres corps qui avaient le droit de ne rien faire. Je me promis bien de profiter de l'occasion pour rentrer dans ce beau droit. Je ne découvris cependant mon projet à personne; au contraire, je feignis d'être au désespoir, et mon oncle essaya de me consoler. On écrivit à mon père, on tint conseil chez doña Nisa pour savoir ce que l'on devait demander. Moi, qui n'étais inquiet de rien, j'allais danser avec les filles du village, tandis que l'on se consultait, ou bien je faisais ma cour aux femmes de chambre de doña Nisa, et, dès que je voyais tout le monde bien occupé dans le salon à discuter une question intéressante, je passais par la garde-robe, et j'allais causer avec une certaine Rosette qui raccommodait des rideaux dans la salle à manger; j'allais l'aider à son ouvrage, et je ne rentrais au salon que lorsque les laquais qui venaient mettre le couvert m'obligeaient de quitter ma couturière. Quelquefois j'allais à la chasse, et je ne rentrais qu'à la nuit. Un soir que j'en revenais, et que, n'ayant point trouvé de gibier, je m'étais amusé à penser à cette petite Rincôra que j'avais vue à Rovillo, j'entrai chez mon oncle, qui me dit, d'un ton très sérieux, qu'après avoir mûrement réfléchi à ma position, il m'exhortait fort à quitter le service et à aller habiter la terre de Niaflor avec mon père; que je l'aiderais, que je me marierais; et, en me débitant là-dessus toutes les belles choses qui se sont dites, depuis les *Géorgiques* jusqu'aux *Ephémérides*, sur le bonheur de cultiver son champ, il finit par conclure que je ne trouverais le bonheur qu'entre une charrue et une tendre épouse. D'après les souvenirs qui m'étaient venus à la chasse, je lui répondis que j'y consentais de tout mon cœur, pourvu que l'on me fît épouser tout de suite une certaine petite Rincôra, dont j'étais très amoureux depuis très longtemps. Mon oncle, enchanté, prend les nom, surnoms et demeure de la signora Rincôra; il écrit sur-le-champ à don Avilas pour lui demander des éclaircissemens, et moi, je fus décidé pendant toute la soirée à épouser Rincôra si on me la donnait. Je me couchai, et le lendemain, au déjeuner de ma tante, je lui dis que décidément je voulais servir et ne jamais me marier. La lettre était partie, et, grâce à la prudence de don Avilas, la négociation ne s'entama pas.

Sur ces entrefaites mon père arriva : je le revis avec un sentiment bien vif; j'ai toujours aimé mon père autant que moi-même. Ce bon père me trouva grandi, et ne se lassait pas de me le dire; il m'embrassait à chaque instant du jour. Dès le lendemain de son arrivée, il voulut voir un peu comment j'étais dans mes affaires; le compte n'était pas difficile :

j'avais un écu d'argent comptant, un habit retourné, une veste, une paire de culottes, une paire de souliers, un chapeau, deux paires de bas, dont une mauvaise, quatre chemises toutes trouées, deux épées et une cocarde toute neuve. Mon père me conduisit à la ville voisine et me rhabilla. J'avais un peu l'air de l'enfant prodigue. Don Lope riait beaucoup de tout ce qui m'arrivait. Doña Nisa s'intéressait véritablement à moi : ma tante disait que j'avais de beaux yeux, mais qu'ils n'étaient pas assez tendres ; mon oncle prétendait que je n'avais nul usage du monde, et que je n'aimais pas assez les femmes ; mon père ne disait rien et m'achetait des chemises.

La maison que don Lope faisait bâtir pour mon oncle se trouva prête à peu près dans ce temps-là. Nous quittâmes donc le château de Fernixo, et nous allâmes l'habiter : ce fut dans cette nouvelle maison que mon père et mon oncle décidèrent de me faire entrer dans la marine. Nous écrivîmes à mon protecteur, l'infant don Juan, qui était amirante de Castille, pour obtenir une place de garde de la marine. L'infant nous répondit et nous promit qu'il ferait ce qu'il pourrait ; mais les jours se passaient sans que nous eussions de nouvelles certaines : je m'ennuyais beaucoup, et, pour me dissiper, je louai une chambre dans le village, où je donnai des bals tous les dimanches aux belles de Fernixo. Parmi mes danseuses, la fille d'un horloger me parut plus aimable que les autres ; je le lui dis : elle avait quinze ans, elle me répondit qu'elle me trouvait aussi très aimable ; nous aimions mieux nous le répéter que de danser, ou bien, quand nous dansions, c'était toujours ensemble. Je commençais à ne plus tant m'ennuyer, lorsque le père de la naïve Pirennetta jugea à propos de lui interdire le bal. Dès que nous ne pûmes plus nous voir, nous nous écrivîmes, et je lui donnai un petit cœur d'or que ma tante m'avait donné ; ce cœur ne m'avait jamais fait plaisir que dans l'instant où je le donnai à Pirennetta. Elle me donna en échange un petit cœur d'émail que j'attachai à ma montre pour ne jamais le quitter ; nous nous dîmes adieu en pleurant. Elle partit, et nous convînmes d'une certaine marque qu'elle devait faire sur toutes les cheminées des auberges où elle entrerait, afin que lorsque je repasserais je pusse être sûr qu'elle s'était occupée de moi. Enfin elle partit, et mes bals ne m'amusèrent plus. D'ailleurs le curé et les pères des danseuses ne les approuvèrent pas, il fallut y renoncer. Je me retournai du côté de la chasse, et j'y passai mes journées. Mais le malheur, qui me poursuivait, me fit chasser sur les terres d'un gentilhomme minorquois : ces Minorquois sont très fiers, et s'appellent entre eux magnifiques seigneurs. Le magnifique seigneur me rencontra chassant sur son terrain, et me demanda de quel droit j'y chassais. « De quel droit? lui dis-je :

> Du droit qu'un esprit vaste et ferme en ses desseins
> A sur l'esprit grossier des vulgaires humains »,

et je continuai ma chasse. Le magnifique seigneur me demanda mon nom. J'avais bien envie de lui dire : « Tu l'apprendras en recevant la mort »; mais je crus qu'il était plus beau de ne le point cacher; je le lui dis à haute voix, et je chassai toujours. Lui, il s'en alla conter à mon oncle que son neveu était fort peu respectueux envers les magnifiques seigneurs. Grande colère de la part de mon oncle, reproches. Enfin je renonçai à la chasse, et je me jetai du côté de la dispute pour passer le temps : mes disputes me brouillèrent presque avec ma tante, qui fut attaquée dans ce moment de la poitrine, et n'en devint qu'un peu moins aimable : comme cette maladie donne de l'humeur, et qu'elle ne laissait pas d'en avoir beaucoup contre moi, elle eut la charité de m'accuser auprès de mon oncle de lui avoir cassé un vaisseau. Le fait était que ma tante chantait et voulait que je l'accompagnasse avec ma mandoline; ma malheureuse mandoline était un peu haute à la vérité, et, comme je ne savais pas bien l'accorder, je ne voulais pas la descendre; ma tante chantait à mon ton, et elle prétendait que mon *la* l'avait tuée. Enfin ma tante cracha du sang. Mon oncle se mit à la soigner, et la malade devint chaque jour plus acariâtre. Mon brevet n'arriva point : mon père s'impatienta de tout ce qu'il voyait; nous prîmes congé de don Lope et de doña Nisa : nous fîmes nos malles, où j'eus soin de mettre la mandoline, et, après avoir embrassé mon oncle et ma tante, nous partîmes de Fernixo le 31 décembre, et prîmes la route de Carthagène.

CHAPITRE XIII

Voyage à Madrid; résultat. Voyage à Avilas. Changement de corps.

LE chemin que nous parcourions était le même que celui qu'avait suivi la jeune Pirennetta. Je reconnus sur toutes les cheminées les marques amoureuses dont nous étions convenus; j'y ajoutai les miennes, et j'y traçai partout avec la pointe de mon couteau : *J'aimerai toujours Pirennetta.* Enfin nous arrivâmes à Carthagène; là je perdis ses charmantes traces, et là je me séparai de mon père. Cette séparation nous coûta des larmes; il prit la route du royaume de Grenade, et moi celle de Madrid, par la diligence. Il ne m'arriva rien de remarquable, excepté que je retrouvai vers Cuença les traces de Pirennetta; mais je les perdis tout de suite après. Je m'amusai fort pendant la route : c'était dans le temps des Rois, et nous les tirâmes pendant tout le chemin. Enfin nous arrivâmes à Madrid. Je me logeai dans le premier quartier du palais de don Juan, et le lendemain j'allai lui faire ma cour : il me reçut avec bonté. Je lui demandai une audience particulière, qu'il m'accorda; je lui peignis combien ma position était triste; je lui représentai que mes parens désiraient vivement que je servisse dans la marine, mais que, si cela était impossible, ils ne seraient point du tout fâchés de me voir dans son régiment de cavalerie. C'était là le grand objet de mes désirs. L'infant me promit de m'y placer, si je ne pouvais pas l'être dans la marine, et m'exhorta cependant à aller voir à l'Escurial le ministre de la marine, auquel il avait écrit en ma faveur. Il me donna une seconde lettre de recommandation pour lui, et je courus à l'Escurial. Je fus trois jours sans avoir de réponse à ma lettre; enfin j'en eus une par laquelle la cinquième place vacante m'était promise. Don Juan m'annonça cette triste nouvelle, que j'appris sans me désespérer. Je lui reparlai de la cavalerie, et il me promit de penser à moi dans son premier travail sur son régiment. Un peu rassuré par cette espérance, je restai à Madrid, ménageant mon argent le plus que je le pouvais, cultivant mes connaissances, allant souvent au spectacle, et mangeant presque tous les jours chez l'abbé Marianno, qui était toujours dans le nouveau conseil de Castille.

Pendant mon séjour à Madrid, je cherchai à découvrir où était la pauvre Pirennetta. J'y parvins, et j'allai chez l'horloger où son père l'avait envoyée. Je la trouvai malade; elle était au lit, pâle comme un lis, et je vis à son cou le petit cœur d'or que je lui avais donné : je ne puis pas vous rendre combien je fus ému de voir Pirennetta malade. Je ne pus lui parler en particulier; elle me pria même de ne pas revenir la voir, parce que son père le saurait et la rendrait plus malheureuse : je lui obéis avec peine; je n'y retournai plus; mais je conservai toujours d'elle un souvenir triste et bien tendre.

Je faisais ma cour tous les jours à l'infant, pour qu'il n'oubliât point ce que je lui avais demandé. Au bout d'un mois, ce prince m'annonça qu'il m'avait donné une sous-lieutenance dans son régiment de cavalerie, et que je pouvais compter dessus, si dans deux mois je n'étais pas garde de la marine. Je remerciai beaucoup mon protecteur, et, n'ayant plus d'affaires à Madrid, je résolus d'aller attendre à Avilas l'expiration de mes deux mois. Je partis donc pour Avilas par la voiture publique, et j'y trouvai le maître et la maîtresse de la maison à peu près seuls. Je passai avec eux février et mars 1773, ne m'amusant pas trop, parce que je ne savais pas m'occuper, et l'instant où il fallait monter dans ma chambre était terrible pour moi : je ne savais que devenir ni que faire. Don Angelo n'était plus à Avilas; il avait eu la survivance de son père, et était retourné à Madrid; nous étions absolument seuls, dans le fort de l'hiver, à la campagne. Je m'occupais à copier des chansons et à faire un ouvrage de métaphysique, que j'ai depuis jeté au feu : l'ennui m'avait rendu raisonneur, et le raisonnement m'avait rendu athée; j'ai mieux aimé renoncer à raisonner, et je suis revenu de bonne foi à reconnaître un Dieu, mon créateur. Au bout de deux mois, mon brevet m'arriva, et je me préparai à joindre mon régiment, qui était en Catalogne. Avant d'y aller, j'avais besoin de passer par Madrid, où je voulais voir don Juan et arranger mes finances; elles ne se montaient qu'à dix-sept ou dix-huit louis que j'avais confiés à don Avilas : il me les rendit dans une bourse où j'en trouvai vingt-cinq; avec cela je pris congé de lui, et je partis pour Madrid. Mes vingt-cinq louis ne pouvaient me suffire pour faire mon entrée au régiment; j'empruntai trente louis, pour acheter un cheval, à mon ancien précepteur Vrido, qui me les prêta avec un zèle et un plaisir que je n'oublierai jamais. Tranquille du côté de l'argent, je pris congé de l'infant don Juan, et je partis pour la Catalogne avec le jeune D. Montalto, à qui don Juan avait promis son régiment, et qui commençait par être sous-lieutenant comme moi.

NOTES

Page 1, ligne 4. Le grand-père de Florian se nommait Jean de Claris, seigneur de Florian, Logrian, etc. D'abord cornette au régiment de Girardin cavalerie, puis capitaine en 1695, enfin conseiller et maître ordinaire des comptes à Montpellier, il épousa : 1° en 1697, Françoise de Molles, fille de Jean, seigneur du Merlet, et de Marthe de Cambis; 2° en 1707, Madeleine de Perdrix, fille de Philippe, conseiller à la Cour des comptes de Montpellier, et d'Élisabeth de Comte. De ce second lit il eut François et Philippe, dont il est parlé ci-après, et plusieurs filles qui se firent religieuses.

2, 5. Notre fabuliste eut pour père François de Claris, appelé le chevalier de Florian, fils puîné du précédent et de Madeleine de Perdrix. Né le 24 mai 1728, volontaire en 1742 dans la compagnie de son frère, cornette en 1743 au régiment de Brionne cavalerie; fut, en 1745, lieutenant au régiment de Lusignan. Se maria le 2 juin 1752, à Gilette *de* Salgues ou Salgues, d'origine espagnole, dont il eut : 1° Jean-Pierre de Claris de Florian, l'auteur de *Galatée*, etc.; 2° François-Philippe de Claris de Florian et Philippe de Claris de Florian, qui ne paraissent pas avoir eu de postérité.

5, 15. Cet oncle était Philippe-Antoine de Claris de Florian. Il entra en 1733 dans les mousquetaires, fut en 1740 capitaine de cavalerie au régiment de Rohan, puis dans Lusignan, chevalier de Saint-Louis, et se retira du service en 1756. On l'appelait le marquis de Florian, sans qu'il eût pour cela de titre authentique. Voltaire l'avait surnommé l'écuyer du grand Cyrus. Il épousa, en 1762,

Marie-Élisabeth Mignot, sœur de Mme Denis, et qui, veuve alors de Nicolas-Joseph Dampierre, seigneur de Fontaine, était fille de Pierre-François Mignot, correcteur des comptes à Paris, et de Marie Arouet, sœur de Voltaire. L'oncle de Florian se maria deux autres fois, et n'eut point d'enfants.

P. 8, l. 6. On imaginerait difficilement aujourd'hui jusqu'où l'esprit de superstition et de routine porta la résistance à la propagation en France de l'inoculation. Dès 1723, non seulement la Faculté de médecine et la Sorbonne s'étaient catégoriquement déclarées contre cette innovation, mais encore les inoculateurs avaient été traités d'*imposteurs* et de *bourreaux*. Toutefois, le nombre des détracteurs avait diminué depuis que le duc d'Orléans et autres personnages de marque en avaient introduit l'usage dans leur propre famille.

24, 2. Il serait curieux de rapprocher le portrait que Florian a fait de Mme Denis de celui qu'a tracé Mme d'Épinay dans ses *Mémoires*. « La nièce de Voltaire est à mourir de rire, dit-elle. C'est une petite grosse femme, toute ronde, d'environ cinquante ans, femme comme on ne l'est point, laide et bonne, menteuse sans le vouloir et sans méchanceté ; n'ayant pas d'esprit et en paraissant avoir ; criant, décidant, politiquant, versifiant, raisonnant, déraisonnant, et tout cela sans trop de prétentions et surtout sans choquer personne ; ayant par-dessus tout un petit vernis d'amour masculin qui perce à travers la retenue qu'elle s'est imposée. Elle adore son oncle en tant qu'oncle et en tant qu'homme ; Voltaire la chérit, s'en moque et la révère... »

66, 16. Cette femme se nommait Lucrèce-Angélique de Normand, née à Rotterdam. Son mariage avec l'oncle de Florian donna lieu à une curieuse correspondance entre Voltaire et le cardinal de Bernis, en vue d'obtenir du pape une dispense qui fut refusée. (Voyez *Lettres* de Voltaire et du cardinal de Bernis des 28 janvier et 2 mai 1772.)

Imprimé par Jouaust et Sigaux

POUR LA COLLECTION
DES PETITS CHEFS-D'ŒUVRE
M DCCC LXXXIII

www.ingramcontent.com/pod-product-compliance
Lightning Source LLC
Chambersburg PA
CBHW060208100426
42744CB00007B/1214